Phänomen-Verlag

Tomas Björkman

DER MARKT-MYTHOS

Bibliografische Information Der Deutschen Bibliothek:

Die Deutsche Bibliothek verzeichnet diese Publikation in der Deutschen Nationalbibliografie; detaillierte bibliografische Daten sind im Internet über http://dnb.ddb.de abrufbar.

Tomas Björkman
Der Markt-Mythos
EAN 978-84-123551-8-5

Phänomen-Verlag
Web: www.phaenomen-verlag.de
E-Mail: kontakt@phaenomen-verlag.de

Satz & Gestaltung: Phänomen-Verlag, 2021

„Praktische Menschen, die glauben, von jeglichen intellektuellen Einflüssen völlig frei zu sein, sind in der Regel die Sklaven irgendeines abgehalfterten Ökonomen.“[1]

John Maynard Keynes , 1936

Über den Autor

Tomas Björkman (geb. 1958) ist ein schwedischer Unternehmer und Change Maker. Er hat einen Master-Abschluss in Physik und studierte nebenbei Makroökonomie. Björkman verfolgte eine Karriere als Unternehmer in einer Vielzahl von Unternehmen in den Bereichen Finanzdienstleistungen, Medien, Immobilienentwicklung und Banken und war in ganz Europa tätig. Er gründete Investment Banking Partners AB und diente als Vorsitzender der EFG Investment Bank.

Im Jahr 2008 gründete Tomas die Ekskäret Foundation in Stockholm. Die Stiftung entwickelte eine Konferenzeinrichtung auf der Insel Ekskäret im Stockholmer Schärengarten und hat es sich zur Aufgabe gemacht, persönliche Entwicklung und sozialen Wandel zu fördern.

Außerdem ist er Mitbegründer und Direktor des Verlags Fri Tanke Förlag (Freethought Publishing) und Mitglied des Club of Rome.

Tomas Björkman lebt in London und arbeitet in Stockholm, den Niederlanden und der Schweiz.

Weitere Werke:

Das skandinavische Geheimnis, (mit Lene Rachel Andersen), ISBN 9788412201253

Die Welt, die wir erschaffen, ISBN 9788412201284

Inhaltsverzeichnis

Vorwort

Dieses Buch ist eine Kritik an den vorherrschenden Ideen darüber, wie die globalen und nationalen Märkte funktionieren, wie sie funktionieren müssen und warum.

Ich behaupte, dass unsere führenden Lehrbücher über Wirtschaft, unsere Strategien und die in unsere Bürokratien und Rechtssysteme eingebauten Denkformen auf fehlerhaften Ideen beruhen, Ideen, die mit einer bestimmten Mythologie verbunden sind, die unserer Zeit eigen ist. Ich denke, dass viele der Leute, die wir gewohnheitsmäßig als Autoritäten in diesen Fragen behandeln, nicht wirklich wissen, wie das Spiel da draußen in der Praxis funktioniert. Politiker kennen natürlich das Spiel der Politik, und Professoren das Spiel der Wissenschaft und der akademischen Welt. Leute wie ich kennen das Spiel der Finanzen und Banken, der Märkte und des Geldes. Und das alles sieht nicht so aus wie in den Lehrbüchern oder in den Leitartikeln des *Economist.*

Sie, der Leser

Wer sind Sie, der Leser? Meine Zielsetzung ist nicht streng akademisch, aber der folgende Text enthält einige Wörter und Ausdrücke, die eine Grundkenntnis der Wirtschaftswissenschaften erfordern. Wenn Sie ein regelmäßiger Leser von z.B. *The Economist* sind, sollten Sie gut zurechtkommen. Die Schwierigkeit, dieses Buch zu verstehen, liegt meiner Meinung nach vor allem darin, die Perspektive zu verstehen, aus der ich schreibe. Wenn es ein wenig geistige Anstrengung erfordert, möchte ich Ihnen, von einem Weltbürger zum anderen, versichern, dass es die Mühe wert sein sollte.

Dieses Buch erhebt keinen Anspruch auf wissenschaftliche oder akademische Neuartigkeit oder Einzigartigkeit. Aber ich möchte etwas anderes für dieses Buch beanspruchen: Wichtigkeit und Dringlichkeit, da es ein größeres Bild aus den vorhandenen Teilen zusammensetzt. Ich habe die Erfahrung gemacht, dass die meisten Menschen, die in unseren Märkten agieren und diese gestalten, die wesentlichen Punkte dieses Buches noch nicht verstanden haben. Ich nehme an, dass ich damit die hartnäckig wiederkehrenden Vorstellungen angreife, dass die Wirtschaftswissenschaft eine „harte Wissenschaft" mit „harten Fakten" ist und dass Geld die realste, härteste und faktischste aller Essenzen der Welt ist. Das ist es nicht. Tatsächlich sind, wie ich Ihnen zeigen werde, Worte, Gewohnheiten, Ideen und Verhaltensweisen die wirklichen, harten Fakten der Wirtschaft – und diejenigen, die diese verstehen und beherrschen, haben die größte Macht, die Welt zu gestalten.

Ich hoffe, dass Sie zu den Menschen gehören oder gehören werden, die verstehen, was ich darlege, damit wir schnell zum nächsten Schritt übergehen können, nämlich zur Neuerfindung des globalen Marktes.

Die Notwendigkeit einer neuen Meta-Erzählung

Es ist nicht so, dass unsere Autoritätspersonen weder intelligent noch schlecht informiert wären. Aber sie bewegen sich im Allgemeinen innerhalb eines bestimmten konzeptionellen Meta-Narrativs – also einer bestimmten Art, die Welt zu verstehen –, die meiner Meinung nach zunehmend veraltet ist. Ein Narrativ ist eine Geschichte und ein kohärentes Muster, innerhalb dessen wir Ereignisse oder Fakten miteinander verbinden. Ein Meta-Narrativ ist die zugrundeliegende „Geschichte der Geschichten", mit der wir all unsere verschiedenen Narrative miteinander verbinden. Warum sprechen wir nicht öfter über unser Meta-Narrativ? Vielleicht könnten wir ein neues gebrauchen, besonders in Bezug auf unsere Beziehung zum Markt und zur Wirtschaft.

Als ehemaliger *quantitativer Analyst* (Physiker im Finanzwesen), Gründungs-Investmentbanker, Manager und Unternehmer in Immobilien, IT und anderen Bereichen habe ich Dinge gesehen und gehört, die mich ungläubig zurücklassen und mir Sorgen über die Zukunft und auch über die Gegenwart bereiten. Auch wenn ich persönlich als Akteur meist erfolgreich auf dem globalen Märkten agiere, kann ich nicht mehr glauben, dass das System, in dem wir leben, zuverlässig, stabil, nachhaltig, fair oder auf intelligente Weise selbstorganisierend ist. Es hat durchaus einige Aspekte all dieser Qualitäten, aber der Markt, den ich im Laufe der Jahre kennengelernt habe, ist einfach zu weit von dem Markt entfernt, den jeder gut informierte Bürger für sich oder seine Kinder wollen sollte. Und unsere gegenwärtige Geschichte über uns als Menschheit – unsere gegenwärtige Meta-Erzählung – lässt uns den Markt nicht als das sehen, was er wirklich ist.

WARUM TUE ICH DAS?

Eine Frage wird sich zweifellos bei einigen Lesern aufdrängen, nämlich die Frage nach meinem Motiv. Warum sollte ein reicher Ex-Banker ein Buch schreiben, in dem er genau das Marktsystem (und die dazugehörigen Ideen) kritisiert, mit dem er sein eigenes Vermögen gemacht hat? Ich glaube, dass es so etwas wie einen *Postmaterialismus* gibt, das heißt, dass existenzielle und universelle ethische Werte an Kraft gewinnen können, wenn der Wohlstand sowohl von Individuen als auch von Gesellschaften erst einmal erreicht ist. Diese Ansicht wird übrigens durch die Daten des World Values Survey[2] gestützt, der weltweit größten soziologischen Datenbank. Materieller Reichtum hat für mich an Bedeutung verloren, und der Einsatz für das Wohl der Welt ist etwas, das ich zunehmend bei mir selbst suche und das ich bei anderen bewundere.

Manche Menschen, die irgendwann im Leben wohlhabend werden, verlieren die Orientierung und begeben sich auf eine verzweifelte Suche nach einem neuen Sinn, oft mit tragischen persönlichen Folgen. Ich habe das schon oft erlebt. Andere identifizieren sich mit ihrem Reichtum und beginnen, auf der Basis des Familienvermögens ein Imperium zum Wohle der eigenen Familie aufzubauen; sie werden zu kleinen Baronen und Gräfinnen, die ein Interesse daran haben, die seltsamen Marktstrukturen intakt zu halten. Und eine dritte Gruppe geht dazu über, andere Fragen über das Leben zu stellen, darüber, wie man etwas bewirken kann, jetzt, wo man besser als die meisten dazu in der Lage ist. Ich strebe danach, zu dieser dritten Gruppe zu gehören.

Und ich glaube, dass eine der besten Möglichkeiten, dies zu tun, darin besteht, meine Einsichten und Perspektiven aus einem Leben auf dem Markt zu teilen.

Links oder rechts - kann ich beides haben?

Ist der Investmentbanker zum Marxisten geworden, fragen Sie sich vielleicht? Nein. Wenn dieses Buch einfach die Geschichte eines erfolgreichen Bankers wäre, der nach links übergelaufen ist, wäre es nicht wirklich interessant. Andererseits versuche ich nicht, den offensichtlichen Missbrauch von Finanz- und Unternehmensmacht oder die zutiefst irrationalen Konsequenzen des globalen Marktes in seiner derzeitigen Form zu verteidigen oder zu entschuldigen.

Obwohl ich einen Teil der marxistischen Kritik teile, sehe ich mich selbst als Befürworter von freien Märkten und Unternehmen. Die Leute auf der Linken, insbesondere die Intellektuellen, neigen dazu, zu sagen: „Oh, der Markt, wie wir ihn kennen, ist also ein Mythos? Was ist so neu daran?" Diese Gruppen neigen dazu, *a priori* Aversionen oder Vorurteile gegen freie Märkte zu hegen und sie als inhärent unpersönlich, ausbeuterisch oder unnatürlich zu betrachten. Was ich in diesem Buch sagen will, ist, dass wir derzeit die *falsche Art* von globalem Markt sowie die falschen Vorstellungen davon haben.

Ich habe auch Bedenken gegenüber unserem vorherrschenden Finanz- und Geldsystem, obwohl ich dennoch die ganze „Wussten Sie eigentlich, dass private Banken Geld erschaffen?"-Bewegung, die in letzter Zeit so populär geworden ist, ziemlich skeptisch betrachte.

Eine andere Debatte, die heute vorherrscht, ist die zwischen neoklassischen und neoliberalen Ökonomen (etwa der politischen Rechten) – und entsprechenden institutionalisierten Praktiken – und Neokeynesianern verschiedener Couleur (etwa der linken Mitte). Sollten wir die Regierung dazu verpflichten, darin zu investieren, um den Weg aus der Krise finden, oder ist fiskalische Verantwortung in einer instabilen Welt immer wichtiger? Befinden wir uns im Griff eines großen Dämons der Austerität, der das griechische Volk und andere Länder verwüstet, oder leiden wir unter den Folgen schlechter

Wachstumsstrategien und nicht nachhaltiger Sozialausgaben? Die Kombattanten dieses Konflikts haben ihre Ansichten in die Waagschale geworfen, und wir können lange, ermüdende Grabenkämpfe erwarten. Der Titel und die allgemeine Argumentation dieses Buches könnten den Eindruck erwecken, dass ich eindeutig auf der Seite der Neokeynesianer stehe. Aber für mich geht die Frage von Links oder Rechts selbst weitgehend am Ziel vorbei. Ich denke, sie schafft falsche Gegensätze und verwendet viel zu kategorische Lösungen, die für jeden spezifischen Fall unpassend sind. Vielmehr plädiere ich für eine *holistische* Betrachtung der Wirtschaft, in der sich die Marktregeln und Spiele des täglichen Lebens weiterentwickeln können und müssen. Die Evolution des Marktes selbst bedeutet nicht nur ein schnelles Wachstum der Industrieproduktion, ein schnelles Wachstum des internationalen Handels und ein explosives Wachstum der ausländischen Direktinvestitionen. Die Marktevolution, von der ich spreche, beinhaltet eine bewusste Kultivierung von freundlicheren und gesünderen menschlichen Beziehungen und Strukturen im Markt und darüber hinaus.

Wenn ich holistisch sage, meine ich dies in dem Sinne, von dem zum Beispiel Jeffrey Sachs und die Brundtland-Kommission sprechen, nämlich dass soziale und ökologische Nachhaltigkeit berücksichtigt werden müssen. Ich schaue skeptisch auf die vielen Bewegungen, die sich holistisch nennen. Sie haben die Tendenz, harte ökonomische Realitäten zugunsten von spirituellen und existenziellen Fragen zu vernachlässigen. Ich strebe danach, beide Extreme zu erfassen.

Ein letzter Vorbehalt. Während dieses Buch die Überheblichkeit der mathematischen Ökonomie gegenüber dem klassischen Modell kritisiert, habe ich dennoch den tiefsten Respekt vor der Mathematik und der Stringenz der mathematischen Logik. Zu oft wird der Wirtschaftswissenschaft der Vorwurf gemacht, sie sei zu mathematisch, nur weil die Leute die Infinitesimalrechnung nicht mögen oder sie nicht beherrschen. Für mich ist der Punkt folgender: Nur weil etwas mathematisch elegant oder „wissenschaftlich und schwierig“ aussieht, muss es nicht zwangsläufig korrekt, anwendbar oder kohärent sein. Die Frage ist natürlich, welche Art der mathematischen Modellierung verwendet wird. Wie ich später noch ausführen werde, sehe ich große Chancen in der Verhaltensökonomie (in der die Modellierung mit tatsächlichem, empirisch beobachtbarem Verhalten verknüpft ist) und der Komplexitätsökonomie (in der relative Positionen und Beziehungen in den Modellen berücksichtigt werden). Ein weiteres vielversprechendes Gebiet, das ich in diesem Buch nicht bespreche, ist die neue mathematische Soziologie, die von der Informatik unterstützt wird. Um es klar zu sagen: Ich habe keine Vorurteile gegen die mathematische Modellierung *per se*. Wie könnte ich das als ehemaliger Physiker und Quantenwissenschaftler auch sein?

Die falsche Art von Markt?

Die Grundlage meiner Argumentation wird sein, dass wir ein Minimum an externen Regulierungen haben sollten, um menschlichere, aber immer noch effiziente Märkte zu haben, wobei ich jedoch im Hinterkopf behalten werde, dass selbst der „freie Markt“ ein menschliches Konstrukt ist und dabei sehr unterschiedlich sein könnte.

Das Argument, dass wir die falsche Art von Markt haben, lautet in etwa so:

1. Gibt es irgendeinen Grund anzunehmen, dass das Marktsystem, wie wir es heute kennen, das einzig mögliche ist? Die Antwort muss nein sein.
2. Gibt es irgendeinen Grund zu glauben, dass der Markt, so wie er heute konzipiert und reproduziert wird, die bestmögliche Alternative von allen denkbaren Optionen ist? Nein.
3. Gibt es irgendeinen Grund zu glauben, dass die Vorstellungen, die wir im Allgemeinen über den Markt haben – explizit oder implizit – angesichts des gegenwärtigen Stadiums der wirtschaftlichen, sozialen und technologischen Entwicklung die bestmöglichen sind? Sicherlich nicht.

Daraus folgt, dass es höchstwahrscheinlich andere Wege gibt, den globalen Markt zu verstehen und zu schaffen, Wege, die den gegenwärtigen Weisen ethisch und praktisch überlegen sind. Um zu diesem neuen Markt zu gelangen, können wir damit beginnen, herauszufinden, welche der heute vorherrschenden Überzeugungen schlichtweg falsch sind, und das ist es, was ich in diesem Buch zu tun versuche. Was oberflächlich betrachtet wie die alte linke Kritik in neuen Schläuchen aussehen mag, ist in Wirklichkeit eine Verteidigung des „freien Marktes“ und eine Einladung, neue Formen von Märkten in einer sich schnell verändernden Welt zu erschaffen. Diese Einladung richtet sich an Politiker, Bürger, Intellektuelle und Unternehmer.

Das Buch ist aus meinem Herzen geschrieben. Es ist nicht streng akademisch, sondern für ein breiteres Publikum gedacht. Ich beginne mit einer eher persönlichen Einführung, wie sich diese Einsichten über einige Jahrzehnte zusammengebraut haben, fahre dann fort, indem ich die Mythen des Marktes darstelle. Danach versuche ich, sie in den historischen Kontext zu stellen, sie zu entlarven und dann zu diskutieren, warum sie problematisch sind. Dies führt uns zu der Frage, wie der Markt als soziale Konstruktion betrachtet werden kann - was ihn von anderen Systemen wie dem Sonnensystem oder einer Nahrungskette unterscheidet - und zu einer Diskussion darüber, wie die konzeptionellen Lücken in unserem Verständnis des Marktes gefüllt werden können. Vielleicht gibt es sogar Raum für eine kopernikanische Revolution in der Ökonomie, worauf ich gegen Ende des Buches eingehe.

Danksagung

Mein erster und herzlichster Dank geht an die Herausgeber, die dieses Buch möglich gemacht haben. David Boyle half, einen ersten Entwurf aus Interviews und Forschungsnotizen zu erstellen, und Hal Kane hat die Endredaktion des Textes übernommen. Daniel Görtz und Kristina Elfhag haben ebenfalls umfangreiche Hilfe bei der Erstellung des Textes geleistet.

Tony Greenham und die New Economics Foundation, London, haben mich mit Forschungsberichten zu wichtigen Aspekten dieses Projekts unterstützt. Jonathan Rowson und Ranjani Javi gaben wertvollen Input zu einem Artikel, der den gleichen Namen wie dieses Buch trägt und im Cadmus Journal der World Academy veröffentlicht wurde; der Artikel entwickelte die Kernargumente in diesem Buch.

Ich danke Åsa Burman dafür, dass sie mich auf die Arbeiten von John Searls hingewiesen hat, und meinem Sohn Alexander Björkman dafür, dass er mich in das Denken von Slavoj Žižek und Alain Badiou eingeführt hat.

Erik Hegelund, Jonas Fisherström und andere Ökonomen haben nach der Lektüre früher Entwürfe ebenfalls wichtige Erkenntnisse geliefert. Viele ihrer Kommentare haben es nie in das Buch geschafft, aber sie wurden alle sehr geschätzt und haben geholfen, den Text zu formen und zu schärfen.

KAPITEL 1

Einleitung: Die Schweizer Verbindung

Die Bandbreite dessen, was wir denken und tun, wird durch das begrenzt, was wir nicht bemerken. Und weil wir nicht bemerken, dass wir etwas nicht bemerken, können wir wenig ändern, solange wir nicht bemerken, wie das Nicht-Bemerken unsere Gedanken und Taten prägt.

Daniel Goleman, 1985 (*Vital Lies, Simple Truths*)

Es ist der Sommer des Jahres 2000. Die Concorde ist in Paris abgestürzt, das Tate Modern in London wurde eröffnet und die französische Fußballmannschaft befindet sich in einem Höhenflug. Wir stehen an der Schwelle zu einem neuen Jahrhundert und einer schönen neuen Welt. Die Dotcom-Blase hat ihren Tribut gefordert und Zweifel gesät – zumindest in meinem Kopf – an der Art und Weise, wie unsere Experten die Finanzwelt verstehen. Ich stehe auf dem Balkon des Hotel du Parc in Mont Pèlerin in der Schweiz und schaue auf den Genfer See und die Alpen.

Es war eine inspirierende, um nicht zu sagen atemberaubende Aussicht, und ich muss zugeben, dass mich ein Gefühl des persönlichen Stolzes überkam, als ich dort stand. Ich hatte gerade mein Bankgeschäft an eine Schweizer Bank verkauft, und da stand ich nun, ein Vorstandsmitglied der Bank, und nahm an ihrer jährlichen Strategiekonferenz teil. Der Blick auf die Welt aus einer solchen Höhe, auf den Ausläufern der Alpen, fördert die Hybris. In einem abstrakten

Sinne, so vermute ich, wollten meine Partner und ich die Herren der Welt sein, und in diesem Moment fühlten wir uns auch ein wenig wie genau das. Wir hatten den Dotcom-Kataklysmus überlebt. Die Welt lag uns zu Füßen.

Was ich damals nicht wusste, war, dass der österreichische Ökonom Friedrich von Hayek 1947 ebenfalls auf diesem Balkon gestanden und die Konferenz organisiert hatte, die eine akademische Gesellschaft ins Leben gerufen hatte, die einflussreich genug war, um die Art und Weise zu verändern, wie zumindest westliche Führungspersönlichkeiten die Wirtschaft betrachteten: die Mont Pèlerin Society. An diesem Ort wurde der Marktmythos zum ersten Mal in seiner heutigen Form gesponnen. Es war der Gründungsmoment der Mythologie, um die es in diesem Buch geht, und ich selbst hatte fünfzehn Jahre zuvor dort gestanden, als ich gerade begonnen hatte, über die Ideen nachzudenken, die mich dazu brachten, dieses Buch zu schreiben. Es war ein befriedigender Zufall.

Dieses Buch untersucht das, was hier „der Mythos des Marktes" genannt wird, und den Schaden, den dieser gefährliche Mythos uns und dem Markt selbst zugefügt hat. Ich behaupte, dass wir den Markt durch eine verzerrende Linse betrachten, und zwar mit verheerenden Folgen. Ich werde diesen Mythos anhand meiner eigenen Geschichte untersuchen, der Geschichte, wie ein Junge vom Lande aus dem ländlichen Schweden auf diesem Balkon landete und dazu kam, den Markt so anders zu sehen als Hayek und seine Freunde.

Aber zuerst müssen wir uns ansehen, was wir mit dem Wort „Mythos" meinen und wie Hayek und seine Freunde ihre besondere Sichtweise des Marktes in die Hallen der ökonomischen Vernunft eingeschleust haben.

Was verstehen wir unter „Mythen"?

Das Wort *Mythos* wird im Wesentlichen auf zwei Arten verwendet, die oft miteinander vermischt oder verwechselt werden:[3]

1. Eine weit verbreitete, aber falsche Überzeugung oder Idee.

2. Eine traditionelle Geschichte – eine Erzählung –, die sich entweder auf die frühe Geschichte und die überdauernde Bestimmung eines Volkes bezieht, oder eine, die natürliche oder soziale Phänomene erklärt, typischerweise unter Einbeziehung übernatürlicher Wesen oder Ereignisse.

Die erste Bedeutung von Mythos – „Irrglaube" – ist die offensichtliche. Wir tun ständig Aussagen und Überzeugungen als Mythen ab. Im Folgenden habe ich die meiner Meinung nach sieben wichtigsten Mythen – im Sinne von falschen Überzeugungen – des Marktes dargelegt. Dies sind nicht die einzigen falschen Überzeugungen, die die Gesellschaft über den Markt hat, aber es sind wohl die gefährlichsten. Sie sind Teil eines Bündels von Behauptungen, die vielleicht am stärksten unter wirtschaftspolitischen Entscheidungsträgern verbreitet sind – und damit jener Gruppe von Menschen, die wahrscheinlich am weitesten von dem eigentlichen Geschehen der Wirtschaft entfernt ist. Es lohnt sich, darauf hinzuweisen, dass diese Mythen des ersten Typs, die sich auf bestimmte Merkmale und Funktionen des Marktes beziehen, vor Kritik durch den Mythos des zweiten Typs über „den Markt" als gemeinsame gesellschaftliche Gegebenheit geschützt werden.

Mythos Nr. 1: Die unsichtbare Hand sorgt dafür, dass der Markt fair ist und das Gemeinwohl in der Gesellschaft maximiert.

Mythos Nr. 2: Der Markt kümmert sich um langfristige Interessen, und zwar unter Berücksichtigung der Interessen aller.

Mythos Nr. 3: Der Markt schafft Vielfalt und Wahlfreiheit.

Mythos Nr. 4: Die Akteure auf dem Markt sind rationale Entscheidungsträger, die ihren individuellen „Nutzen" maximieren.

Mythos Nr. 5: Der Markt tendiert zu einem Gleichgewicht, in dem sich Angebot und Nachfrage treffen.

Mythos Nr. 6: Private, gewinnorientierte Unternehmen werden immer die besten Organisationen für die Maximierung der Effizienz und die Schaffung von Wohlstand sein, und ihre Funktionsweise kann niemals geändert werden.

Mythos Nr. 7: Der „freie“ Markt ist ein natürliches System.

Die zweite Bedeutung des Wortes Mythos – „traditionelle Erzählung“ – ist in unserem Zusammenhang sogar noch interessanter. Wir sprechen hier von Mythos im Sinne der Erzählung von der Erschaffung der Welt oder des Turmbaus zu Babel.

Wenn wir sagen, dass dies Mythen sind, dann tun wir sie nicht unbedingt als falsch ab. Wir wissen zwar, dass sie nicht unbedingt in dem engen Sinne wahr sind, wie etwa die Schlacht von Hastings eine historische Tatsache ist. Wir verstehen aber, dass sie wichtige Geschichten sind, die uns helfen, der Welt, dem Leben und unserer menschlichen Situation einen Sinn zu verleihen. Der Mensch braucht einen Sinn, und die Mythen, die wir über das Leben konstruieren, helfen uns einen symbolischen Rahmen um unsere Realität zu legen, so dass wir in einer ansonsten chaotischen und zufälligen Existenz Struktur und Bedeutung finden können.

In diesem Sinne ist der Markt der übergreifende moderne Mythos, auf dem unsere Vorstellung von der modernen Gesellschaft basiert und der Wahrnehmungsrahmen, den wir anwenden, um zu bestimmen, was gut und richtig, ungerecht und böse ist. Er gibt unserem Leben eine Richtung, und – so wie wir ihn derzeit verstehen – bestätigt er die zentrale Rolle des Geldverdienens und des persönlichen Konsums. In gewissem Sinne ist der Markt unsere neue Religion und die Ökonomen unsere neuen Priester. Genau wie bei den Religionen in der Vergangenheit müssen wir verstehen, dass es mächtige Interessen gibt, die den Mythos und das derzeitige Funktionieren der Gesellschaft unterstützen. Das ist ein Grund, warum diejenigen, die auffallen und die zugrunde liegende Mythologie in Frage stellen, ignoriert, abgetan, lächerlich gemacht oder als „Ketzer“ gebrandmarkt werden. In einem anderen Zeitalter wären sie vielleicht für solche Ketzerei verbrannt worden. In unserem diskreditieren wir sie einfach als Ideologen oder unpraktische Idealisten.

Der Wirtschaftswissenschaftler Ha-Joon Chang von der Cambridge University und der Weltbank zeigte auf, wie diese neuen Mythen – genau wie die alten religiösen Mythen – von der faktischen Realität abgeschottet sind:

> *„Man muss wissen, dass akademische Ökonomen heute nicht wirklich an der realen Welt interessiert sind. In der heutigen Wirtschaftswelt ist das Interesse an der realen Welt ein indirektes Eingeständnis, dass man nicht sehr gut ist. Wenn man wirklich klug ist, macht man sehr abstrakte mathematische Modellierungen. Wenn man etwas weniger gut ist, macht man Ökonometrie, also im Grunde die Manipulation von Statistiken. Wenn man wirklich schlecht ist, interessiert man sich für die reale Welt ... Es ist eine seltsame akademische Kultur ... wenn man diese unbequemen Dinge anspricht, weigern sich die Leute, einem zuzuhören."*[4]

Wenn wir die grausamen Ungleichheiten und Unsicherheiten abbauen wollen, die heute unsere Wirtschaft und unsere Demokratie untergraben, sollten wir uns nicht von dem vorherrschenden Mythos des „freien Marktes2 abschrecken lassen. Die zentrale Botschaft dieses Buches ist, dass der Markt wie jede andere soziale Institution ein Produkt unserer Vorstellung und eine Erfindung ist, und wenn er nicht so funktioniert, wie wir es wollen, haben wir die Freiheit und die Macht, ihn zu verändern.

Meine persönliche Geschichte

In der Schule war ich faul, aber ich war immer neugierig und das gab mir Antrieb. Ich wurde 1958 in der schwedischen Stadt Borås geboren, einer mittelgroßen Stadt außerhalb von Göteborg an der Westküste. Mein Vater leitete einen Jugendklub im Stadtzentrum, der Teil der damaligen „Homestead"-Bewegung war. Er bot einen Ort für

Freizeitaktivitäten und organisierte freiwillige soziale Arbeit. Wir wohnten sehr nahe bei den Eltern meiner Mutter. Meine Großeltern besaßen und bewirtschafteten eine kleine Familienfarm mit zehn Kühen und ein paar Schweinen, und ich lernte die alte Lebensweise sehr zu schätzen, das Leben in der Natur und inmitten der natürlichen Zyklen von Saat und Ernte, Leben und Tod. Diese Erziehung hat bei mir einen bleibenden Eindruck über die Grundtatsachen der menschlichen Verhältnisse und Bedürfnisse hinterlassen, und ich habe immer Grund gefunden, dafür dankbar zu sein.

Rückblickend betrachtet, hat sich daraus für mich auch eine besondere Beziehung zur Natur ergeben. In den Bergen oder auf dem Meer konnte ich immer am meisten ich selbst sein und mich besinnen. Als ich viele Jahre später die Möglichkeit hatte, meine eigene Stiftung zu gründen, entschied ich mich dafür, die Stiftung im Herzen der Natur, auf einer wunderschönen Insel, anzusiedeln. Nachts unter diesem herrlichen Sternen- und Planetenhimmel zu sitzen regt mich an, existenzielle Fragen zu stellen. Wir erscheinen so klein in dem riesigen Universum, es rückt alles in die richtige Perspektive und bringt uns dazu, nach Sinn und Zweck zu fragen. Außerdem weckte es in mir die Neugierde für die Wissenschaft. Ich beschloss, die Welt von ihren kleinsten Bestandteilen her zu erforschen: Atome und Kräfte. Dies zog mich zum Studium der Physik.

Ich hatte von beiden Seiten meiner Familie etwas geerbt, besonders aber von meinen Großeltern mütterlicherseits auf ihrem Bauernhof. Sie waren die Kinder von Kleinbauern, die wiederum die Kinder von Kleinbauern vor ihnen waren, und so weiter und so fort. Subsistenzbauern leben mit den Jahreszeiten, sind vom Wetter abhängig und könnten nie als reich bezeichnet werden – aber sie schulden auch niemandem etwas. Niemand sagt ihnen, wann sie säen und wann sie ernten sollen. Sie müssen ihre eigenen Entscheidungen und Urteile fällen. Sie haben die Freiheit, anders zu denken, wenn sie es wollen. Ich würde gerne glauben, dass das Erbe, das sie mir mitgegeben haben, eine gewisse geistige Unabhängigkeit ist – die Fähigkeit, schwierige Fragen zu stellen und die Welt anders zu sehen – so wie Hayek es getan hat, wie es aber auch seinen Nachfolgern mehr als ein halbes

Jahrhundert nach Mont Pèlerin nicht wirklich in gleicher Weise gelingt.

Als Jugendlicher fielen mir Mathematik und Physik leicht, und so zog es mich an die Universität, um theoretische Physik zu studieren, in der hundertprozentigen Überzeugung, dass ich ein akademischer Forscher werden würde. Ich war ein erfolgreicher Physikstudent und machte meinen Abschluss an der Universität Uppsala, Schwedens ältester Universität. Doch als ich meinen Master in Physik abgeschlossen hatte, war ich auf der Suche nach etwas anderem, etwas Bodenständigerem und Kompletterem. Der Lehrplan für Physik erschien mir zu fragmentiert. Er war zu sehr auf bestimmte Bereiche fokussiert und hat es versäumt, größere Fragen zu diskutieren. Trotzdem wäre ich wahrscheinlich Akademiker geworden, wenn ich nicht wie alle Männer damals in Schweden zum Militärdienst eingezogen worden wäre. Nach der Grundausbildung erhielt ich – zu meiner Überraschung – die Möglichkeit, mich für die Offiziersanwärterschule zu bewerben, um Offizier zu werden. In der Offiziersschule entdeckte ich, dass ich, obwohl ich schüchtern war und meine Energie aus dem Inneren bezog – wie es Introvertierte stets tun –, eine soziale Seite und eine Führungsfähigkeit hatte, die nach außen drängte.

Auf der Suche nach etwas Größerem und gestärkt durch mein neu gewonnenes Vertrauen in Führung und den Umgang mit der Realität beschloss ich im Laufe einiger Monate, Unternehmer zu werden. Ich wollte etwas Praktisches machen und in der realen Welt agieren. Zum ersten in einer Reihe von Malen in meinem Leben änderte ich also komplett die Richtung. Ich wollte meinen eigenen Kompass setzen. Rückblickend erscheint mir das wie eine seltsame Entscheidung, ein Beispiel für die bizarrste Selbstüberschätzung der Jugend; wahrscheinlich genährt durch die Tatsache, dass ich sowohl in der Offiziersschule als auch an der Universität als Klassenbester abgeschlossen hatte. Ich beschloss, dass ich eine Bank gründen wollte.

Um das zu tun, musste ich meiner Meinung nach Wirtschaft studieren. Ich belegte eine Reihe von Kursen an der Universität Stockholm und las in jeder freien Minute Bücher über Wirtschaft. Ich glaubte, dass mir das helfen würde zu verstehen, wie der Markt funktioniert und wie man damit Geld verdienen kann, aber ich war zunehmend frustriert von meinen Studiengängen. Mir fiel auf, dass sie genau dieselbe Sprache und dieselbe Art von mathematischen Formeln verwendeten, mit denen ich als Physiker vertraut war. Aber es gab einen großen Unterschied, der mich zunehmend zu beunruhigen begann.

Wenn wir in der Physik versuchten, eine Wahrheit über die Funktionsweise des Universums auszudrücken, verwenden wir Formeln und müssen eine Reihe von Annahmen treffen. Wir nehmen z.B. an, dass es keine Reibung gibt oder dass das Experiment in einem Vakuum stattfindet. Aber in der Physik versuchen wir immer, einen zweiten Blick darauf zu werfen. Wir wissen, dass es Luft gibt und Reibung an der Luft, also müssen wir uns fragen, wie wir unsere einfachen Modelle anpassen müssen, damit sie eine komplexere Realität widerspiegeln. Sonst werden die Formeln ungenau sein.

Mein Problem war, dass ich, je mehr ich über Ökonomie lernte, immer mehr feststellte, dass die Ökonomen scheinbar nie einen zweiten Blick auf das Problem warfen. Sie stellten ihre Theorien in der gleichen Art von Formeln auf, aber sie passten sie nie an die Realität an. Sie schienen nicht einmal an die Realität zu denken. Wie konnte jemand auf der Grundlage dieser schlechten Theorien Geld verdienen?

Als ich dann in einem bestimmten Moment meinem Wirtschaftsprofessor eine Frage stellte, fielen mir die Scheuklappen von den Augen. Es war einer dieser Momente, in denen alles klar zu werden beginnt. Die Implikationen dieser Frage und der Antwort haben mich seither nicht mehr losgelassen, da ich meine mathematischen Fähigkeiten im Finanzwesen und als Unternehmer einsetzte. Das ist auch der Grund, warum ich dieses Buch geschrieben habe, denn die Frage lieferte mir – wie sich herausstellte – einen Anhaltspunkt, um zu verstehen, wo genau die moderne Welt eine falsche Wendung genommen hat und wie wir auf so verhängnisvolle Weise zu der Überzeugung gelangt sind, dass eine bestimmte Art von Markt es immer am besten weiß.

Da saß ich also im Vorlesungssaal der Stockholmer Universität und beschloss, meinem Professor die Wahrheit abzuringen. Während die anderen Studenten ihre Unterlagen und Taschen einsammelten, stellte ich ihn zur Rede. Es war eigentlich eine sehr einfache Frage, sogar eine naive, aber er hörte mir geduldig zu. Wann fangen wir an, uns an die Realität anzupassen, fragte ich ihn. Wo kann ich diesen Prozess studieren? Gab es weitere Kurse, die ich belegen musste, um herauszufinden, wie es gemacht wurde?

Mein Professor verstand sofort, was ich meinte. „Weißt du, Tomas", sagte er. „In den Wirtschaftswissenschaften haben wir es mit Menschen zu tun, und die Realität ist so unglaublich kompliziert, dass wir nicht einmal versuchen, unsere Modelle an die Realität anzupassen." Aber, so fügte er hinzu, die Ökonomen hoffen, dass sie durch das Studium ihrer abstrakten Modelle trotzdem ein besseres Verständnis dafür bekommen, was da draußen in der Welt vor sich geht.

Ich habe nicht viel darauf geantwortet – ich dachte, es sei eine gute Antwort – aber sie machte mir einige Dinge schmerzlich klar:

1. Wenn ich weiterhin Wirtschaftswissenschaften studieren würde, würde ich dem Verständnis der Realität nicht näherkommen – tatsächlich würden mich die abstrakten Modelle wahrscheinlich immer weiter von dem entfernen, was ich für die empirische Realität hielt.
2. Obwohl mein Professor die Kluft zwischen den abstrakten Formeln und der realen Welt verstand, wusste ich, dass viele Ökonomen und politische Entscheidungsträger vergessen hatten, dass es eine solche Kluft gab.
3. Wenn ich mich in der realen Welt engagieren wollte, musste ich aufhören, ein Akademiker zu sein und in die Welt hinausgehen und etwas Praktischeres tun, und zwar schneller, als ich gedacht hatte.

Und das tat ich. Im Laufe der nächsten Jahrzehnte gründete ich etwa zwanzig Unternehmen in den Bereichen IT, Bankwesen und Immobilien, und – teils durch Glück, teils durch Ausnutzung der Lücken zwischen Theorie und Realität, von denen ich begriffen hatte, dass sie existieren – hatte ich eine Karriere im Herzen des wirtschaftlichen Sturms der Veränderung, der im Begriff war, die Welt auf den Kopf zu stellen. Aber ich war mir immer bewusst, dass es nicht die Standard-Wirtschaftstheorie war, die mir geholfen hat. Es waren diese entscheidenden Lücken zwischen Theorie und Realität, die die Finanzwelt – mich eingeschlossen – ausnutzte, die mir dabei halfen.

Jetzt, drei Jahrzehnte nach dieser Frage und diesem Gespräch, bin ich zu der Überzeugung gelangt, dass der Markt ein wichtiges und mächtiges Konzept ist, doch dass die Ökonomen ihn immer noch nicht verstanden haben! Schlimmer noch, ihr Versagen, die Lücken zwischen Theorie und Realität zu erkennen, hat zu einer schrecklichen Unflexibilität in der modernen Welt geführt, als ob der „Markt" irgendwann am sechsten Tag der Schöpfung von Gott erschaffen wurde – obwohl er in Wirklichkeit ein von Menschen gemachtes Konstrukt ist (und sozusagen erst am achten Tag erschaffen wurde). Der Markt kann verändert, angepasst und neu arrangiert werden – und dieses Buch wurde geschrieben, um zu erklären, wie und warum.

***

Als 1990 in Schweden die Devisenvorschriften abgeschafft wurden, nahm ich ein Flugzeug nach London und New York und traf mich mit den großen Investmentbanken, wie Goldman Sachs und Salomon Brothers. Ich fragte, ob meine Partner und ich sie in Schweden vertreten und einige ihrer Produkte verkaufen könnten – außerbörsliche OTC-Derivate, indexierte Futures-Optionen und andere Finanzinstrumente, die für mein Land neu waren. Goldman Sachs sagte mir, dass unsere Gruppe die ersten Banker waren, die sie in Schweden kennengelernt hatten, die über die mathematischen Fähigkeiten verfügten, um die Art von Modellierung durchzuführen, die für diese neuen Instrumente erforderlich war. Sie schickten ihren Compliance Officer nach Stockholm, um uns zu begutachten. Da wir immer noch aus meiner Wohnung heraus operierten, mussten wir sie anstatt des geplanten Bürobesuchs auf eine Bootsfahrt mitnehmen, um uns den Archipel anzuschauen. So etwas könnte man heute nicht mehr machen.

Wir waren mit diesen neuen Instrumenten auf dem schwedischen Markt völlig allein, bis 1993 die Svenska Handelsbanken begann, uns Konkurrenz zu machen. Als diese große Bank in den Markt für strukturierte Derivate einstieg, wurde jedem klar, dass sich die Welt verändert hatte – und wir hatten viel mehr Geschäft. Innerhalb weniger Jahre hatten wir fünf Niederlassungen in ganz Skandinavien, und ich war nach Genf gezogen, um ein ähnliches Unternehmen in der Schweiz zu starten.

Investmentbanker werden sich schnell bewusst, dass Geld selbst eine Ware ist und, wie alle anderen Waren, einen Preis hat. Es braucht Zeit, um zu verdauen, dass auch Geld einen Preis hat – dass Geld Geld kostet, den täglichen Faktor, den wir „Zins" nennen. Dies ist das Prinzip hinter den meisten Finanzinstrumenten. Investmentbanker haben die Lizenz, den Markt zu verbiegen und zu drehen, um direkt aus ihm Profit zu schlagen, ohne etwas zu produzieren, zumindest nichts Greifbares oder Physisches in der Welt.

Der Markt ist sowohl das Produkt als auch das Laboratorium der Investmentbanker. Investmentbanker experimentieren mit dem Markt – und je besser sie den Markt verstehen, desto mehr können sie verdienen. Dann versuchen wir, den Markt zu gestalten, um noch mehr zu verdienen. Das ist nicht ganz so, wie es der *Mythos* des Marktes beschreibt, aber das ist die Realität.

Mir wurde klar, dass ich einen Beruf ausübe, der mit dem des Priesters vergleichbar ist: Ich war auserwählt worden, um hinter den Schleier, in das Allerheiligste in unserer Gesellschaft, zu treten. In der Praxis fühlte ich mich ein wenig wie der kleine Hund in *Der Zauberer von Oz*, der sich erdreistet, den Vorhang des Tempels beiseite zu reißen, nur um festzustellen, dass der Zauberer tatsächlich ein kleiner alter Mann ist, der an Hebeln herumfummelt. Im Laufe der Zeit sah ich immer mehr Anzeichen dafür, dass der Markt ein „Mythos" war. Er wurde von uns erschaffen, genau wie Geld von uns erschaffen wird. Aber wir haben diese Tatsache irgendwie vergessen und betrachten ihn, als wäre er eine unvermeidliche Naturgewalt.

Es ist schwer, sich eine Welt ohne Geld oder den Markt vorzustellen. Vielleicht ist es sogar unmöglich, obwohl einige Autoren es versucht haben. Lange Zeit hatte ich diese clevere menschliche Schöpfung geschätzt – wir brauchen Geld und den Markt, um das anstrengende Geschäft des Tauschens von Kohlköpfen gegen Autoreifen gegen Krawatten gegen Miete gegen das Toilettenpapier, das wir wirklich wollen, zu vermeiden. Der Markt ist bequem. Aber ich begann auch zu erkennen, dass dieses bequeme Werkzeug, das wir geschaffen hatten, zu etwas anderem geworden war - zu einem organisierenden Prinzip, einer herrschenden „Naturgewalt“, einem weitgehend unangefochtenen Ordnungssystem. Kurz gesagt, der Markt wurde zum „Mythos“.

Ich bin nicht jemand, der glaubt, wir müssten den Markt abschaffen und seine Entscheidungen durch die eines staatlichen Gremiums ersetzen. Das Problem ist, dass wir, weil der Markt uns umgibt wie Wasser einen Fisch, davon ausgehen, dass der Markt immer so war, wie er ist – mit den gleichen Regeln und basierend auf den gleichen Prinzipien. Wir nehmen an, dass er eine gottgegebene Schöpfung ist, ein Teil der Natur wie die Ozeane, Gezeiten und Stürme.

***

Es war belebend, in jener Phase der Weltgeschichte, in der sich alles hektisch zu entwickeln schien, Investmentbanker zu sein. Je mehr ich sah, wie die Welt durch die Deregulierung umgekrempelt und durch die Technologie auf den Kopf gestellt wurde, desto mehr wurde mir klar, dass die Leute, die den Markt beherrschten, sich der Lücken durchaus bewusst waren. Die Banker und Finanziers sahen nicht nur die Lücken, die die Ökonomen für unwichtig hielten, sondern es war die bewusste Ausnutzung eben dieser Lücken, die es den Finanziers ermöglichte, Geld zu verdienen. Sie ritten auf der Mythologie des Marktes, aber sie kannten dessen Grenzen besser als jeder andere.

Ich wusste natürlich, dass es die Lücken waren – und insbesondere die Lücken zwischen verschiedenen Rechtssystemen – die mir erlaubten, zu arbitrieren. In ganz Europa konnte man auf dem gemeinsamen Markt diese Unterschiede nutzen, um Geschäfte zu machen. Ich begann zu begreifen, dass, wenn der Markt an verschiedenen Orten anders aussah, er auch in der Zukunft anders aussehen könnte.

Nach einer Fusion war ich nun an der viertgrößten Bankengruppe der Schweiz beteiligt. Von Genf und London aus arbeitend war ich Vorsitzender der schwedischen Tochterbank und Mitglied des internationalen Verwaltungsrats. In dieser Funktion beobachtete ich aus der Ferne, wie der Markt hauptsächlich durch die US-Regierung und Lobbyisten umgestaltet wurde. Die meisten Menschen und die meisten Ökonomen betrachten den Markt von außen. Wenn man den Markt von außen betrachtet, mag er einem wie eine Black Box erscheinen, und man kann dann annehmen, dass die einzige Möglichkeit, ihn zu kontrollieren, darin besteht, ihn von außen zu regulieren. Aber wenn man innerhalb der Box arbeitet und die internen Mechanismen versteht, dann erkennt man, dass man die Funktionsweise des Marktes von innen heraus verändern kann. Das ist genau das, was die großen Banken und andere große Unternehmensinteressen den Gesetzgeber die ganze Zeit machen lassen. Ich war überrascht von der Naivität der Politiker, überrascht, wie sehr sie vor den Vertretern der Banken und anderer großer Industrien kapitulierten, und erstaunt, dass sie nicht sehen konnten, wie einseitig das war. Es wurde so viel Geld für die Lobbyarbeit von Politikern für spezielle Sonderinteressen ausgegeben, aber es kam alles aus einer Richtung. Es gab niemanden, der die Interessen der Verbraucher vertrat, geschweige denn das Gemeinwohl.

Ich habe in meinen Jahren als Investmentbanker drei wichtige Lektionen gelernt, und es waren nicht die Lektionen, die meine Dozenten an der Universität von mir erwartet hätten.

Erstens: Je besser man den Markt kennt, desto mehr Geld kann man verdienen.

Zweitens: Ich war überrascht, wie einfach es war, mit Geld Geld zu verdienen. Ich kam aus bescheidenen Verhältnissen; Geld war immer ein Kampf gewesen, also hatte ich das nicht erwartet. Ich entdeckte, dass die erste Million Pfund zu verdienen unendlich viel schwieriger ist als 10 Millionen Pfund zu verdoppeln. Wenn man bereits Geld hat, arbeiten die Märkte auf eine Weise zum eigenen Vorteil, die ich nicht erwartet hatte. Das stand nicht in den Lehrbüchern.

Die dritte Lektion war, dass der Markt kein Nullsummenspiel ist. Ich war überrascht, dass so viele Geschäftsleute, sogar einige Unternehmer, glaubten, dass es auf dem Markt um Gewinnen oder Verlieren geht, und – wenn man gewinnt – dass daher jemand anderes verlieren muss. Das ist nicht im theoretischen Modell der Wirtschaft verankert, aber es ist im Mythos impliziert, weil die Theorie den Kampf um knappe Ressourcen betont. Ich war nicht lange im Geschäft, bevor ich erkannte, dass der Markt ein ständig wachsendes, komplexes System ist und dass echter Erfolg von der Schaffung von Win-Win-Situationen abhängt. Erfolg in der Wirtschaft kommt von der Zusammenarbeit, um den Gesamtwohlstand in der Welt zu erhöhen.

Ich möchte die Lehren, die ich aus diesen Beobachtungen des Marktes ziehe, mit Ihnen teilen. Wie bei vielen ehemaligen Investmentbankern gipfeln meine Einsichten nicht in einem Angriff auf freie und offene Märkte. Die Erkenntnis, die ich gewonnen habe, und die zentrale Botschaft dieses Buches ist, dass es eine ganze Reihe von verschiedenen Arten freier Märkte gibt, aus denen man wählen kann.

Um zu erklären, warum es so viele Möglichkeiten gibt, müssen wir die verschiedenen Aspekte dessen, was wir als „Markt" verstehen, unterscheiden. Wir müssen die Mythen untersuchen, die die Politik antreiben, das alte Wirtschaftsmodell sowie das neueste wirtschaftliche Denken. Wir müssen den Markt erforschen, wie er jetzt ist, und den Markt, wie er sein könnte.

Um die Kiste des Marktes zu öffnen, muss man verstehen, wie seine Funktionsweise durch Geschichte, Gewohnheit und die dringenden Bedürfnisse des Augenblicks geprägt ist. Man muss sehen, wie unsere Sprache und Kultur die Art und Weise bestimmt haben, wie er funktioniert. Man braucht eine Art soziologische Perspektive, und die möchte ich hier anbieten. Auch das Systemdenken aus der Physik wird uns dabei helfen. Das Ziel dieses Buches ist es, die Kiste zu öffnen und zu sehen, was wirklich drin verborgen ist. Ich hoffe, dass Sie am Ende dieses Buches auch in der Lage sind, in die Kiste hineinzuschauen und ein Verständnis gewonnen haben, das Ihnen hilft, außerhalb der Kiste zu denken.

KAPITEL 2:

Die Mythen

„Der große Feind der Wahrheit ist sehr oft nicht die absichtliche, erfundene und unehrliche Lüge, sondern der hartnäckige, verführerische und unrealistische Mythos."

John F. Kennedy

Der Titel dieses Buches ist ein wenig irreführend. Es gibt nicht nur einen Marktmythos, sondern mehrere. Nichtsdestotrotz bilden sie ein sich selbst erhaltendes Muster. In diesem Kapitel werden wir uns die sieben wichtigen falschen Überzeugungen und Mythen näher ansehen, die ich in der Einleitung aufgelistet habe. Zusammengenommen entfalten sie in diesen kritischen Zeiten des Umbruchs und des sich beschleunigenden Wandels ihre giftigste Wirkung. Im nächsten Kapitel werde ich versuchen, die Ursprünge dieser Mythen nachzuvollziehen und zu sehen, warum diese oft geäußerten Überzeugungen in der Tat „Mythen" sind.

SIEBEN MYTHEN DES MARKTES

Schauen wir uns nun die sieben wichtigsten Mythen und falsche Überzeugungen des Marktes an, die Teil eines Bündels von Behauptungen sind, die vielleicht am stärksten von Wirtschaftspolitikern geteilt werden – den Menschen, die wahrscheinlich am weitesten von dem Geschehen der Wirtschaft entfernt sind. Dies sind, wie ich im vorigen Kapitel dargelegt habe, nicht die einzigen Mythen, die über den Markt kursieren, aber sieben ist eine gute Zahl.

Mythos Nr. 1: Die unsichtbare Hand sorgt dafür, dass der Markt fair ist und das Gemeinwohl in der Gesellschaft maximiert.

Das ist der Grundgedanke des Marktmythos, dass nämlich sein Zweck in der Fairness und der Maximierung des Gemeinwohls liegt – vielleicht nicht in dem Sinne, dass er die ganze Welt glücklich machen kann, aber dass er dem schon näher kommt als alles andere.

> *„Was wir hier erkennen, ist, wenn man wirklich die Geschichte studiert hätte, hätte man schon früher verstanden", sagte Präsident Barack Obama auf einer Pressekonferenz im Jahr 2009, „dass der Markt der effektivste Mechanismus zur Schaffung von Wohlstand und zur Verteilung von Ressourcen ist, um Güter und Dienstleistungen zu produzieren, den die Geschichte je gekannt hat."*[5]

In Großbritannien sagte der neue Wirtschaftsminister Sajid Javid im Jahr 2015 etwas Ähnliches: *„Der freie Markt ist das effizienteste, beständigste und effektivste System, das sich die Menschheit je ausgedacht hat."* Später fügte er hinzu:

> *„Ich habe nie daran gezweifelt, dass das freie Unternehmertum der beste Weg ist, um Wohlstand für so viele Menschen wie möglich zu schaffen. Und dass der freie Markt nicht nur wirtschaftliche Probleme lösen kann, sondern auch soziale."*[6]

Es ist nicht so, dass dies völlig falsch wäre, wie inbrünstig dies auch immer ausgedrückt wird. Es war Teil der ursprünglichen Absicht von Adam Smith, das Paradoxon zu beschreiben, dass die unsichtbare Hand zum Wohle der Gesellschaft handelt, wiewohl jeder Einzelne sein spezielles Eigeninteresse verfolgt. Tatsächlich entfernt sich das akademische Modell von dieser Idee und interpretiert „das Gemeinwohl" in einer ganz bestimmten und engen Weise. Aber im Mythos wird dies zu einem zirkulären Argument: Weil der Mythos suggeriert, dass der Markt das Gemeinwohl maximiert, muss das, was der Markt maximiert, auch das Gemeinwohl sein. So in etwa lautet das Argument.

Das Problem ist, dass es eine Art Blindheit bei jenen politischen Entscheidungsträgern hervorruft, die dem Mythos verfallen sind. Es geht Hand in Hand mit einer Zirkularität – die unsichtbare Hand hat dieses Ergebnis hervorgebracht, also muss es das Gemeinwohl darstellen. Dies führt zu einer Voreingenommenheit gegen jegliche Intervention, selbst durch die Monopolwächter. Wenn der Markt das Ergebnis hervorgebracht hat, wird es als eine gutartige, natürliche Ordnung der Dinge angesehen, selbst wenn die Situation die krasseste Ausbeutung der Marktmacht beinhaltet. Die unsichtbare Hand hat gewirkt – wer wagt es, ihre Weisheit in Frage zu stellen? Wie wir später sehen werden, ist das Ergebnis des „freien" Marktes nicht von Gott gegeben.

Mythos Nr. 2: Der Markt kümmert sich um die langfristigen Interessen, und das tut er, indem er die Interessen aller berücksichtigt.

Der zweite Mythos sieht ähnlich aus wie Mythos Nr. 1, ist aber tatsächlich anders. Es ist der Mythos, dass das, was der Markt entscheidet, wie kurzfristig die Entscheidung auch sein mag – und Aktien werden heute oft für Bruchteile von Sekunden von Spekulanten gehalten –, im langfristigen Interesse von uns allen sein muss. Dieser Mythos steckt hinter Aussagen von Politikern, wie dieser des (damals zukünftigen) Premierministers David Cameron:

> *„Diese Debatte ist jetzt entschieden. In den letzten 15 Jahren haben Regierungen auf der ganzen Welt die Prinzipien der Gelddisziplin und des freien Unternehmertums in die Praxis umgesetzt. Das Ergebnis? Ein enormer Anstieg des globalen Wohlstands. Die Weltwirtschaft ist so stabil wie seit einer Generation nicht mehr. Ich bin stolz darauf, dass dies eines der wenigen Länder der Welt ist, in dem alle ernsthaften Kandidaten für ein hohes Amt die Prinzipien des Freihandels und der Geldpolitik unterstützen."*[7]

Auch dies ist eher aufschlussreich für das, was nicht gesagt wird – und was implizit angenommen wird. Es besagt, dass die „Prinzipien des Freihandels" zu diesem enormen Anstieg des globalen Wohlstands geführt haben, aber es besagt nicht, ob das wirklich durch die Berücksichtigung langfristiger Interessen geschah oder wie dieser enorme Anstieg verteilt wird. Hier Hilary Clinton, die die gleichen Dinge annimmt:

> *„Die Schaffung einer Freihandelszone in Nordamerika – der größten Freihandelszone der Welt – würde die Exporte der USA ausweiten, Arbeitsplätze schaffen und sicherstellen, dass unsere Wirtschaft von den Vorteilen und nicht von den Lasten der Globalisierung profitiert."*[8]

Auch hier wird davon ausgegangen, dass diese Regelungen zwangsläufig in unserem langfristigen Interesse sind, weil man den Markt entscheiden lässt. Wir können nur vermuten, dass dies der Grund ist, was es Margaret Thatcher ermöglichte, eine extreme moralische Position einzunehmen:

> *„Die bloße Existenz des Staates mit seiner enormen Fähigkeit zum Bösen ist eine potenzielle Bedrohung für alle moralischen, kulturellen, sozialen und wirtschaftlichen Vorteile der Freiheit."*

Das stimmt zwar, aber auch das Gegenteil ist der Fall. Der Staat kann auch eine enorme Kapazität für das Gute haben; er scheint nur dann eine potenzielle Bedrohung zu sein, wenn man so fest dem Mythos Nr. 2 verpflichtet ist, dass es einem schwerfällt, die Welt so zu sehen, wie sie wirklich ist. Das Ergebnis ist eine Feindseligkeit gegenüber staatlichem Handeln jeglicher Art, die nicht immer von gesundem Menschenverstand und einem pragmatischen Verständnis der Möglichkeiten untermauert ist. Dies führt zu Marktlösungen, denen es an Feinjustierung mangelt, und zu falschen Arten der Privatisierung wie auch zu katastrophalen Entscheidungen auf der Grundlage von Marktpreisen, die stattdessen auf etwas Grundlegenderem hätten beruhen sollen. Ich behaupte, dass die gröbste Form dieses Mythos in jenem Vakuum nach dem Zusammenbruch der Sowjetunion seine Wirkung entfaltete.

Mythos Nr. 3: Der Markt schafft Vielfalt und Wahlfreiheit.

Die absolute Verbindung, von der man glaubt, dass sie zwischen Märkten und Vielfalt besteht, entspringt einem Missverständnis über Märkte, sowie der Kluft zwischen dem populären Verständnis, wofür Märkte da sind, und dem, wie akademische Ökonomen sie verstehen. Es war Karl Marx, der vor anderthalb Jahrhunderten als Erster darauf hinwies, dass die Vorstellung, Märkte würden zur Vielfalt tendieren, ein Mythos ist. Ganz im Gegenteil, erklärte er: In einem kapitalistischen System besteht die Motivation für Unternehmen darin, in die entgegengesetzte Richtung zu streben, sich zu konsolidieren und die Konkurrenz nach Möglichkeit auszuschalten. Schon Adam Smith warnte davor, dass Geschäftsleute gemeinsam in einer Art „Verschwörung gegen die Allgemeinheit" handeln. Die unsichtbare Hand ist aktiv, aber nicht immer in wohlwollender Weise, und sie ist nicht so sehr auf Wahlfreiheit bedacht, wie es der Mythos suggeriert. Das Bekenntnis zu diesem Mythos verursacht die Verwirrung, in die politische Entscheidungsträger oft zwischen Märkten und Wahlmöglichkeiten geraten: Sie sind manchmal dasselbe, aber nicht immer.

Um zu sehen, wie die echte Vielfalt verschwindet, müssen wir nur einen Blick in die Regale im Supermarkt werfen. Es gibt heute mindestens zwanzig verschiedene Marken von Frühstücksflocken und Zahnpasta, um nur zwei Beispiele zu nennen. Aber wenn wir genauer hinschauen, stellen wir fest, dass der Inhalt immer derselbe ist. Nur die Verpackung und die künstliche Farbe sind anders. Wenn wir etwas wirklich anderes haben wollen, müssen wir in eine Apotheke gehen und dort unser Glück versuchen. Aber der Trend ist auch dort erkennbar. Hauptsächlich Kosmetika und Vitamin C. Alles, was spezieller ist, muss nachbestellt werden.

Mythos Nr. 4: Die Akteure auf dem Markt sind rationale Entscheidungsträger, die ihren individuellen „Nutzen" maximieren.

Diese Annahme über rationale Entscheidungen zieht sich durch die gesamte Marktmythologie und geht Hand in Hand mit der Vorstellung, dass diese Entscheidungen in erster Linie auf Eigeninteresse beruhen. Dieser Mythos beruht auf der Idee, dass wir die Verbraucher mit immer komplizierteren Entscheidungen belasten können – von der Wahl, für welches Rentensystems man sich entscheidet bis zur Auswahl des Stromanbieters – ohne dass sich jemand darum kümmert oder zu fragen wagt, ob die Verbraucher damit umgehen können oder wollen. Die Annahme ist, dass wir alle rationale Entscheidungsträger sind, die ein klares und korrektes Bild von der eigenen kurzfristigen und langfristigen Interessen haben. Aus einer solchen Annahme folgt, dass wir umso „freier" werden, je mehr Entscheidungen wir individuell zu verantworten haben.

Schon Adam Smith erkannte die Grenzen des Mythos, dass die Konsumenten ständig ihren individuellen „Nutzen" maximieren. Er verstand, dass Individuen Interessen haben, die über ihr Eigeninteresse hinausgehen. Er kritisierte die – dem Marktmythos innewohnende – Vorstellung, dass Sympathie und Mitgefühl für andere Menschen nur eine Variante des Eigeninteresses und damit die logische Erweiterung der Idee des eigennützigen Marktes sei. Er schrieb, dass diese Idee „mir aus einer verwirrten Fehleinschätzung der Sympathie entstanden zu sein scheint".[9]

Ronald Reagan drückte Mythos Nr. 4 mit charakteristischer Klarheit aus:

> *„Millionen von Individuen, die auf dem Markt ihre eigenen Entscheidungen treffen, werden die Ressourcen immer besser verteilen als jeder zentralisierte staatliche Planungsprozess."*

Das gefährliche Wort hier ist „immer". Die Aussage ist in vielen Fällen wahr, aber wie wir später sehen werden, ist sie in vielen anderen wichtigen Fällen absolut unzutreffend. Sie führt zu der folgenden, ebenfalls von Reagan stammenden Aussage, die ein erbauliches Verständnis des menschlichen Geistes ausdrückt, das auf Mythos Nr. 4 basiert:

„Wir, die wir in Gesellschaften der freien Marktwirtschaft leben, glauben, dass Wachstum, Wohlstand und letztlich menschliche Erfüllung von Grund auf von unten entstehen, und nicht von der Regierung nach unten erschaffen wird. Nur wenn dem menschlichen Geist erlaubt wird, zu erfinden und zu erschaffen, nur wenn Individuen ein persönliches Interesse an der Entscheidung über die Wirtschaftspolitik haben und von ihrem Erfolg profitieren – nur dann können Gesellschaften wirtschaftlich lebendig, dynamisch, fortschrittlich und frei bleiben. Man muss den Menschen vertrauen. Dies ist die einzige unwiderlegbare Lektion der gesamten Nachkriegszeit, die der Vorstellung widerspricht, dass starre staatliche Kontrollen für die wirtschaftliche Entwicklung unerlässlich sind.“[10]

Dies mag eine Rechtfertigung dafür sein, den Menschen zu vertrauen, aber es ist kein universelles oder ein unter allen Umständen zu befolgendes Prinzip – und es schließt alle anderen Definitionen von dem aus, was „dem Menschen vertrauen“ bedeuten könnte. Sie macht kurzen Prozess mit einer der faszinierendsten, facettenreichsten und empirischsten Fragen der Sozialwissenschaft und ersetzt sie durch einen moralistischen, religiösen Appell.

Reagans Rhetorik vermeidet die Frage nach den Grenzen der unsichtbaren Hand und wie Menschen zusammenarbeiten können, um gemeinsam mehr individuelle Güter zu erreichen. Sie führt direkt zu Milton Friedmans berühmtem rhetorischen Schnörkel: „Den meisten Argumenten gegen den freien Markt liegt ein Mangel an Glauben an die Freiheit selbst zugrunde.“

Die bisher besprochenen Mythen gehen alle davon aus, dass es nur eine Art von freiem Markt gibt (worauf wir in Kapitel 5 zurückkommen werden) und nur ein Modell, das – dank Mythos Nr. 4 – insofern eine moralische Qualität angenommen hat, die ihm enorme Macht unter den politischen Entscheidungsträgern verleiht. Sie bindet ihnen aber auch die Hände, weil sie zu ineffektiven Regelungen führen, die nicht nur die empirisch gut belegte Rolle des Altruismus ignorieren, sondern auch die meisten soziologischen Faktoren wie

Normen, moralische Entwicklung und erworbene Verhaltensmuster. Sie führt zu dummen Annahmen über den eigentlichen Egoismus derjenigen, die freiwillig ihre Zeit opfern oder ihr Blut spenden. Sie ignoriert auch die Erkenntnisse der „Verhaltensökonomie", einschließlich der Hilfe, die ein wenig ‚Anstupsen' leisten kann, um Regelungen effizienter zu machen (siehe Kapitel 6), weil der Mythos Nr. 4 von einer perfekter Rationalität ausgeht.

Mythos Nr. 5: Der Markt tendiert zum Gleichgewicht, wo sich Angebot und Nachfrage treffen.

In den letzten Jahren ist auf den Finanzmärkten genug passiert, um den Mythos Nr. 5 in Frage zu stellen. Er wirft eine ganze Reihe von Fragen über die Nachfrage auf, und wie die Menschen diese effektiv zum Ausdruck bringen können, wenn sie nicht das Geld haben, um sich auf dem Markt bemerkbar zu machen. Er geht davon aus, dass sich, sich selbst überlassen, Angebot und Nachfrage ausgleichen werden.

Für den Marktideologen Sir Keith Joseph bedeutete dies:

> *„Eine der ersten Aufgaben der Regierung ist es, Angebot und Nachfrage in die richtige Balance zu bringen."*[d1]

Hier liegt natürlich ein Widerspruch vor. Wie kann es überhaupt ein natürliches Gleichgewicht geben, wenn die Regierung eine Rolle bei dessen Herstellung spielen soll? Dazu der britische Energieminister Nigel Lawson im Jahr 1982:

> *„Die Marktpreise für Erdölprodukte hängen vom Gleichgewicht von Angebot und Nachfrage in einem stark wettbewerbsorientierten Markt ab."*[d2]

Das ist richtig, aber ist das alles, wovon sie abhängen, und ist die Nachfrage wirklich das, was sie zu sein scheint? Die Gefahr dieses Mythos besteht darin, dass er zu einer falschen Art der Deregulierung führt, z. B. des Bankensektors, und zwar auf eine Art und Weise, die möglicherweise deshalb nicht angemessen ist, weil man annimmt, dass ein Gleichgewicht aufgrund von Überregulierung irgendwie schwer zu erreichen ist – anstatt z. B. davon auszugehen, dass eine solche Überregulierung aufgrund des anhaltenden schnellen technologischen Wandels niemals eintreten wird.

Mythos Nr. 6: Private, gewinnorientierte Unternehmen werden immer die besten Organisationen sein, um die Effizienz zu maximieren und Wohlstand zu schaffen, und ihre Funktionsweise kann niemals geändert werden.

Dies ist ein vorherrschender Mythos, insbesondere für die vorherige Generation. Eine schnelle Suche auf der britischen Website *They Work for You*, die den gesamten *Hansard* (den redigierten Wortlaut der Protokolle des Unterhauses und des Oberhauses) enthält, zeigt, wie sehr der Mythos #6 die Kontrolle über die öffentliche Politik übernommen hat. Er enthüllt nicht weniger als 14.000 Einträge für das Wort „Privatisierung" – und alle bis auf acht von ihnen erscheinen nach 1980. Es sei angemerkt, dass dies natürlich auch die negativen Äußerungen der Linken zur Privatisierung einschließt.[13]

Hier drückt Sir Geoffrey Howe, Margaret Thatchers Schatzkanzler, im selben Jahr eine milde Version dieses Mythos aus:

> *„Die beste Antwort auf die exzessive und unkontrollierte Verschuldung und die Forderungen der verstaatlichten Industrien muss in der Regulierung liegen, zu der wir uns verpflichtet haben, nämlich der Privatisierung, der Rückkehr zum privaten Sektor, so weit wie dies eben möglich ist."*[14]

Diese Worte wurden einige Jahre vor der ersten großen Privatisierung der British Telecom gesprochen, und Howe mag mit seiner Diagnose recht gehabt haben – aber Mythos Nr. 6 hat Howe´s Nachfolger für andere mögliche Lösungen blind gemacht. Wenn Mythos Nr. 6 in jedem Fall richtig ist, impliziert er, dass fast nichts, was die Regierung tut, sakrosankt ist; es sollte alles an gewinnorientierte Unternehmen übergeben werden, während es – wie wir jetzt wissen –

andere, innovativere Optionen geben kann, einschließlich Gegenseitigkeitsgesellschaften, Sozialunternehmen oder verschiedene Arten von Strukturen des öffentlichen Sektors. Mythos Nr. 6 impliziert, dass es nur eine Art gibt, Geschäfte zu machen, und nur eine Struktur, um dies zu erreiche.

Das Ergebnis dieser Art von Irrtum ist, dass in jeder Situation gewinn-orientierte Lösungen angeboten werden, ob sie nun angemessen sind oder nicht. Hier ist eine der Vorbedingungen für den griechischen Bailout vom Juli 2015:

> *„Die griechischen Behörden sollen die folgenden Maßnahmen ergreifen: ... Entwicklung eines deutlich ausgeweiteten Privatisierungsprogramms mit verbesserter Regulierung; wertvolle griechische Vermögenswerte werden an einen unabhängigen Fond übertragen, der die Vermögenswerte durch Privatisierungen und andere Mittel monetarisieren wird."*[d5]

Eine der trügerischsten Ideen, die von der politischen Rechten und ihren vielen einflussreichen Denkfabriken und Medien ständig verbreitet wird, ist, dass der „freie Markt" natürlich und unvermeidlich ist und außerhalb und jenseits der Regierung existiert. Der Mythos impliziert, dass der Markt entdeckt und nicht erschaffen wurde, dass er ohne menschliche (oder zumindest staatliche) Einmischung gewachsen ist und – wenn er frei ist von menschliche Intervention – er effektiver und mehr in Übereinstimmung mit der natürlichen Ordnung der Dinge arbeiten wird.

Der gleiche Gedanke führt zu manch verworrenem Denken, wie zum Beispiel bei der Intervention von George W. Bush zur Rettung des Bankensystems im Jahr 2008:

> *„Ich habe die Prinzipien des freien Marktes aufgegeben, um das freie Marktsystem zu retten."*[d6]

Mythos Nr. 7: Dass der „freie“ Markt ein natürliches System ist.

Mythos Nr. 7 ist zutiefst kontraproduktiv, wie wir sehen werden. Er impliziert, dass jegliche Ungleichheit oder Unsicherheit, die der Markt erzeugt, außerhalb unserer Kontrolle liegt. Er impliziert, dass alle Wege, die wir einschlagen könnten, um Ungleichheit oder Unsicherheit zu reduzieren – und um die Wirtschaft effektiver für uns arbeiten zu lassen – ungerechtfertigte Einschränkungen der Freiheit des Marktes sind und unweigerlich schief gehen werden. Es führt zu politischer Verwirrung über Regulierung – in der Annahme, dass alle Regulierungen den „natürlichen“ Markt untergraben, als ob der Naturschutz selbst ein Affront gegen die natürliche Welt wäre (siehe Kapitel 5).

Hier der spätere Vorsitzende der Konservativen, Iain Duncan Smith, der 1995 im Unterhaus eine freundliche Frage stellte:

> *„Stimmt mein verehrter Freund zu, dass eines der Merkmale eines freien Marktes ist, dass die Regierung ihr Bestes tut, um sich aus dem natürlichen Zusammenkommen und Auseinanderbrechen von Unternehmen herauszuhalten, es sei denn, es wird ein Monopol geschaffen? Die Opposition sollte entlarvt werden: Sie glaubt, dass die Regierung in jeden der Mechanismen involviert sein sollte und verzerrt so den Markt.“*[17]

Duncan Smith benutzt das Wort „natürlich“, als ob die „Natur“ der Ursprung des Marktes wäre. Oder wie er es bei einer anderen Gelegenheit formuliert: „Es ist die wahre kapitalistische Philosophie des freien Marktes, die darauf abzielt, in einer natürlich wettbewerbsfähigen Umgebung zu operieren.“[18] Als ob es eine einzige „natürliche“ Art und Weise gäbe, Geschäfte zu machen, und alles sollte dieser dienen.

Die Ursprünge der Mythen

Woher kommen also diese Mythen, die die Rhetorik der Politiker und die Stimmung in der Bevölkerung über die Wirtschaft anheizen? Eine Reihe weltverändernder historischer Schlüsselereignisse und einflussreicher Persönlichkeiten schufen den fruchtbaren Boden für diese Mythen, deren Ergebnisse wir heute ernten. Wir wollen hier kurz auf zwei dieser einflussreichen Personen – Adam Smith und Friedrich von Hayek – und einige interessante historische Begebenheiten eingehen.

Adam Smith, der zum Gründervater der modernen Ökonomie werden sollte, traf sich 1750 mit dem Philosophen David Hume, einer Schlüsselfigur in der Frühzeit der schottischen Aufklärung. Hume hatte einen enormen Einfluss auf Smiths Schöpfung der Wirtschaftstheorien. Hume glaubte nicht an Kausalität – zumindest war er skeptisch, ob man unter dem Mikroskop „sehen" kann, was genau was verursacht – und Smith griff ebenfalls auf ein ökonomisches „Mysterium" einer entscheidenden unsichtbaren Zutat zurück, nämlich das, was er die „unsichtbare Hand" nannte.

Smith lehrte auch Rhetorik. Er wählte die Metapher der „unsichtbaren Hand", um das Geschehen in einer, wie er es nannte, „auffälligeren und interessanteren Weise" zu beschreiben.[19] Der Wirtschaftsprofessor Warren Samuels untersuchte die ursprüngliche Bedeutung des Ausdrucks und argumentierte, dass zeitgenössische Ökonomen ihn missverstanden hätten.[20] Sie haben Smith so interpretiert, als ob er weniger staatliche oder regulierende Eingriffe aufgrund der Selbstregulierung durch „die unsichtbare Hand" gewollt habe, während er im Gegenteil eindeutig Regulierung zur Verteidigung des Eigentums und zur Verteidigung der Armen gegen die Reichen gefordert hatte. Smith hatte die Anhänger der vorherrschenden Doktrin des „Merkantilismus" im Visier: die Idee, dass wirtschaftlicher Handel ein Nullsummenspiel ist und dass jede Nation ihren eigenen Markt auf Kosten anderer Nationen schützen muss.

„Smith lieferte einen beherzten Angriff auf den Merkantilismus wegen seiner außerordentlichen Beschränkungen, aber er griff nicht die Regierung und das Gesetz im Allgemeinen an", schrieb Samuels.[21] „Tatsächlich schweigen viele von denen, die den Angriff tatsächlich ausweiten, wissentlich oder nicht, über Smiths Offenheit." Smith plädierte also für den Freihandel, erkannte aber, dass der Markt für sein Funktionieren sehr stark von der Formulierung seiner Regeln abhängt und dass diese grundlegenden Regeln das Interesse der Armen im Auge haben müssen. Die Schwierigkeit für uns jetzt, zwei Jahrhunderte später, ist, dass sich Smiths Einsichten in den Köpfen derer, die uns regieren, in einer Weise festgesetzt haben, die dem, was er meinte, entgegengesetzt ist. Wir verwechseln Smiths Argumente über den Freihandel mit einem mythischen freien Markt, der auf mysteriöse Weise frei von jeglichen Regeln ist. Dies ist einer der wichtige Aspekte des Ursprung der Mythen.

Das andere sehr wichtige historische Ereignis bei der Entstehung des *Mythos* ist die Konferenz von 1947 in Mont Pèlerin, die ich in der Einleitung schon erwähnt habe. Auf dieser Konferenz rief der österreichische Ökonom Friedrich von Hayek eine akademische Gesellschaft ins Leben, die so einflussreich werden sollte, dass sie die Art und Weise, wie zumindest westliche Führer die Wirtschaft betrachten, verändern sollte. Sie sollte als Mont-Pèlerin-Gesellschaft bekannt werden.[22] Auf dieser Konferenz wurde der neoliberale Marktmythos zum ersten Mal in seiner heutigen Form gesponnen.

Hayeks Manifest *The Road to Serfdom*[23] wurde 1944 veröffentlicht, als die Alliierten Europa befreiten, und richtete sich an die Nachkriegswelt. Hayek respektierte die ökonomische Autorität John Maynard Keynes, dessen Theorien die alte so genannte „neoklassische Sicht" der Ökonomen des 18. Jahrhunderts ernsthaft in Frage stellten. Hayek, der seine eigene „neoliberale" Agenda verfolgte, stellte die Ideen von Keynes erst nach dessen Tod 1946 in Frage. Zu diesem Zeitpunkt lud Hayek jedoch 36 Freunde und Verbündete ein, sich mit ihm im Hotel du Parc in Mont Pèlerin bei Vevey in der Schweiz zu treffen. Dort, im April 1947, diskutierten er und seine einflussreichen Freunde Milton Friedman, Karl Popper und Michael Polanyi die Verteidigung dessen, was sie „Liberalismus" nannten, im Europa der Nachkriegszeit. Ihr Ziel war eher ein politisches als ein ökologisches, und sie dachten, dass die alte neoklassische Wirtschaftstheorie – auf verdrehte Weise (wie wir sehen werden) – dazu gebracht werden könnte, eine Politik der allgemeinen nichtstaatlichen Intervention zu stützen: die ideologische Agenda von Hayek. Der Grundstein für eine systematische Wiederbelebung des alten neoklassischen Wirtschaftsdenkens war damit gelegt.

Die Ereignisse in Mont Pèlerin im Jahr 1947 zeigen, dass die Konzepte und Regeln des Marktes zur Diskussion stehen und durch systematische Anstrengungen verändert werden können. Es ist ein seltsames Paradox – und das ist der Kern der Geschichte –, dass diejenigen, die verkünden, dass Märkte natürliche Phänomene sind, die nicht manipuliert oder gestaltet werden sollten, selbst Tag für Tag die Märkte gestalten! Ich bin ein begeisterter Teilnehmer an offenen Märkten, und grundsätzlich glaube ich nicht, dass wir Barrieren errichten sollten, die es schwieriger machen, Geschäfte zu machen. Wir riskieren jedoch, die wirkliche Qualität und den Wert der Offenheit von Märkten zu verlieren, wenn wir nicht verstehen, was „Märkte" sind, wie sie sich verändern und warum sie sich verändern müssen.

Die Mont Pèlerin Society war geboren und setzt ihre Arbeit bis heute for, und trifft sich jedes Jahr im gleichen Hotel. In kleinen Schritten hat sie eine Bewegung in der Ökonomie in Gang gesetzt, die zur neuen Orthodoxie geworden ist. Sie wurde zum Teil durch die Wirtschaftswissenschaftler, allen voran die Chicago School, und zum Teil durch Denkfabriken wie das Institute for Economic Affairs in Großbritannien und die Heritage Foundation in den USA verbreitet, die 1973 von zwei republikanischen Mitarbeitern gegründet wurde. Es war das ehrgeizige Dokument *Mandate for Leadership* dieser Mitarbeiter, das dem obersten Reagan-Beamten Ed Meese nur zwei Tage nach der Wahl Ronald Reagans zum Präsidenten 1980 übergeben wurde. 1982 gab es in Großbritannien, den USA und Westdeutschland Führungspersönlichkeiten, die sich der „neoliberalen" Wirtschaftsagenda verschrieben hatten, und der Sieg der Mont-Pèlerin-Agenda war so gut wie perfekt. Der Rest ist, wie man so schön sagt, Geschichte.

DIE MYTHEN, DAS MODELL UND DER MARKT

Wie verhält sich nun dieses von Hayek und seinen Freunden propagierte neoklassische Modell zu den Mythen?

Betrachten Sie die folgende Abbildung. Zwischen den Mythen und dem Markt befindet sich das neoklassische Modell des Marktes – die Art und Weise, wie der Markt in die mathematische Sprache der Ökonomen passen soll. Wir müssen die Lücken zwischen allen dreien verstehen: dem allgemeinen Verständnis (den Mythen), dem vorherrschenden Modell des Marktes (dem Modell) und dem realen Markt, in all seiner vielschichtigen Komplexität (dem Markt).

Dann gibt es noch eine dritte Lücke, zwischen dem Markt, wie er jetzt ist, und dem Markt, wie er sein könnte – zwischen dem Tatsächlichen und dem Möglichen. In jede dieser Lücken schleichen sich die Verzerrungen ein.

Schauen wir uns diese Lücken etwas genauer an.

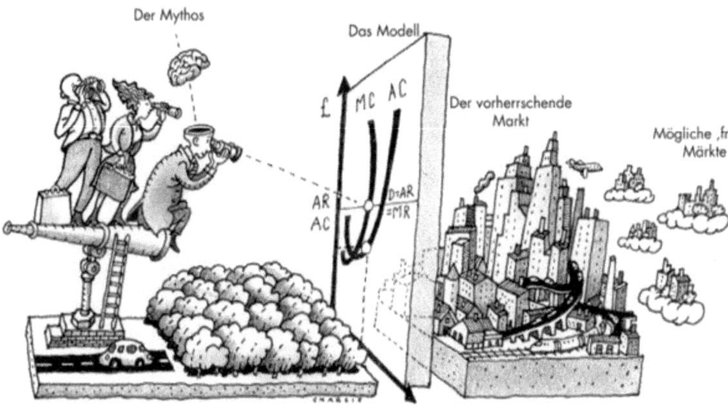

Abbildung 1. Das Modell versperrt uns den klaren Blick auf den vorherrschenden Markt, und der vorherrschende Markt macht uns blind für andere mögliche, ebenso „freie" Märkte.

Lücke 1: zwischen den Mythen und dem Modell. Der Mythos des Marktes, unser gemeinsames Verständnis davon, ist ein sehr grobes Bild des vorherrschenden akademischen „neoklassischen Wirtschaftsmodells“. Tatsächlich klafft eine große Lücke zwischen dem, was das *Modell* den Ökonomen tatsächlich sagt, und dem, was wir als Allgemeinheit zu glauben pflegen, dass es uns sagt. Solche Überzeugungen sind, wie wir gesehen haben, oft nicht explizit, sondern schleichen sich als zugrundeliegende Annahmen in die Sprache und die Politikgestaltung ein. Beispiele dafür sind das Vergessen, dass das Modell nur für private Güter funktioniert, oder das Überdehnen des Modells, indem man irgendwie glaubt, dass der Markt sich auch um öffentliche, manchmal auch kollektive, Güter kümmern könnte. Oder das Unverständnis, dass die so genannte „Pareto-optimale“ Verteilung, die das Modell vorhersagt, gar nicht so „optimal“ ist und schon gar nicht den Anspruch erhebt, in irgendeiner Weise eine gerechte oder ausgewogene Verteilung zu sein. Oder dass der „perfekte Markt“, auf den sich das Modell bezieht, nur eine Reihe von eher unrealistischen mathematischen Annahmen ist, die notwendig sind, damit das Modell funktioniert, und nicht irgendein perfektes Ideal, das der reale Markt anstreben sollte.

Man könnte sagen, dass diese Lücke 1 eigentlich eine unnötige Lücke ist, die auf einer Verwirrung der Sprache und einem Missverständnis der Vorhersagen des neoklassischen Modells beruht. Die Auswirkungen dieser Lücke sind Mythen wie Nr. 1, Nr. 2 und Nr. 3, die alle unnötige Missverständnisse dessen sind, was das neoklassische Modell tatsächlich vorhersagt.

Lücke 2: zwischen dem Modell und dem vorherrschenden Markt. Dann gibt es die andere Lücke zwischen dem neoklassischen Wirtschaftsmodell des Marktes und dem realen Markt. Alle Ökonomen wissen dass das neoklassische Modell nicht auf dem realen Markt basiert. Wir neigen jedoch dazu, die sehr spezifischen Annahmen zu vergessen, die in diesem Modell gemacht werden, und auch den sehr begrenzten Rahmen, in dem das Modell Vorhersagekraft hat. Das Modell basiert auf einer Reihe von sehr einschränkenden Annahmen eines „perfekten theoretischen Marktes“. Inwieweit diese Annahmen für die reale Welt zutreffen, ist in der Tat umstritten.

Immer mehr neuere Untersuchungen zu den Annahmen zeigen, dass sie völlig unrealistisch sind. An dieser Lücke können wir nichts ändern – es ist notwendig, dass das Modell in der Theorie funktioniert. Das Problem ist, dass wir dazu neigen, diese groben, aber notwendigen Annahmen mit realen Fakten über den Markt zu verwechseln. Wir fangen an zu glauben, dass ein guter Konsument tatsächlich rational ist, oder es zumindest sein sollte. Wir beginnen zu glauben, dass wir alle vollständig informiert sein könnten, wenn wir uns nur genug anstrengen würden. Wir fangen vielleicht sogar an zu glauben, dass es auf dem Markt akzeptabel ist, nur aus Eigeninteresse zu handeln und dass sich die „unsichtbare Hand" um das große Ganze kümmert.

Das neoklassische Modell braucht diese Annahmen, um zu funktionieren. Aber wir sollten uns daran erinnern, dass es nur Annahmen sind. Wenn wir sie mit Fakten verwechseln, erhalten wir Mythen wie Nr. 4 und Nr. 5, die alle auf der Verwechslung von Annahmen und Fakten beruhen.

Lücke 3: zwischen dem vorherrschenden Markt und anderen möglichen Märkten. Wir machen noch einen weiteren Fehler in Bezug auf den Markt: Wir nehmen an, dass er eine feste Realität ist, obwohl er in Wirklichkeit von Menschen durch einen komplizierten, aus anders möglichen, historischen Prozess geschaffen wurde, der immer noch andauert. Die Lücke besteht hier zwischen dem vorherrschenden Markt, wie wir ihn kennen, und anderen Arten von Märkten, die es geben könnte – Märkte, die ganz anders aussehen und ganz anders funktionieren könnten. Das ist die Lücke zwischen dem jetzt existierenden Markt und möglichen Märkten.

Unser kollektives Versagen zu sehen, dass sogar der „freie" Markt ein auch anders mögliches soziales Konstrukt ist, führt zu Mythen wie Nr.6 und Nr. 7, die alle den Markt als eine feste Realität annehmen.

Kapitel 3

Das Modell

„Eine neue wissenschaftliche Wahrheit pflegt sich nicht in der Weise durchzusetzen, dass ihre Gegner überzeugt werden und sich als belehrt erklären, sondern vielmehr dadurch, dass ihre Gegner allmählich aussterben und dass die heranwachsende Generation von vornherein mit der Wahrheit vertraut gemacht ist."

Max Planck, 1948

Im letzten Kapitel habe ich geschrieben, dass „das Modell den Blick auf den Markt verstellt". In diesem Kapitel wollen wir uns dieses Modell genauer ansehen. Woher kommt es? Warum lässt es uns nicht den realen Markt in aller Klarheit sehen? Warum gibt es eine so große Kluft zwischen dem Modell und dem Markt?

Zunächst ist festzuhalten, dass ökonomische Modelle im Allgemeinen nicht dazu gedacht sind, die tatsächliche Welt zu modellieren. Sie sind dazu da, um zu untersuchen, zu welchen Erkenntnissen eine Reihe von theoretischen Annahmen und Abstraktionen führen könnten.

Die Begründer des neoklassischen Modells sind nicht blind herumgestolpert. Sie haben sich keine Illusionen über seinen Bezug zur Realität gemacht. Das Problem ist, dass sich Außenstehende in der Regel nicht wirklich über die fragwürdigen Annahmen bewusst sind, auf denen das Modell aufgebaut ist, und selbst Ökonomen verwechseln ihre Modelle oft mit der Art und Weise, wie die reale Welt funktioniert. Infolgedessen interpretieren sie diese theoretischen Modelle falsch und fügen sie in die Meta-Erzählung ein, die das offizielle Weltbild des Westens stützt – den *Mythos*.

Es ist schwierig, die Mythen genauer zu betrachten, weil dies wichtige Grundlagen unseres Weltbildes zu untergraben scheint.

Es gibt wirtschaftliche, politische und akademische Anreize, an der vorherrschenden Sichtweise festzuhalten. In der Sprache des psychologischen Entwicklungstheoretikers Robert Kegan[24] ist es nicht so sehr, dass wir diese Weltanschauung haben – im Sinne einer freien und flexiblen Wahl –, es ist eher so, dass diese Weltanschauung „uns hat“ in dem Sinne, dass sie die Struktur unserer Aufmerksamkeit, unsere Wahrnehmung von Werten und unseren Sinn für das Mögliche prägt.

Trotz dieser unserer mentalen Begrenzung gerät das neoklassische Modell der Ökonomie in diesen Tagen unter Beschuss. Als Reaktion auf diese detaillierten Angriffe haben viele Ökonomen darauf bestanden, dass die Kritiker eine alternative „wissenschaftliche“ Theorie liefern. Dabei scheinen sie nicht zu erkennen, wie sehr ihr eigenes Modell Metaphern zur Theoriebildung verwendet. Zum Beispiel verstehen viele Ökonomen nicht, wie sehr ihr ökonomisches Denken durch die Newtonsche Sprache und durch die Suche nach den natürlichen Gesetzen der Ökonomie, die neben den Newtonschen Gesetzen der Mechanik funktionieren, eingeschränkt wurde. Die elegante Synthese der irdischen Mechanik Galileis und Keplers Himmelsmechanik, ausgedrückt in Newtons neu erfundener mathematischer Sprache der Infinitesimalrechnung, wurde um 1800 zum Leitstern für jede Wissenschaft. Die neoklassischen Ökonomen versuchten, wirtschaftliche Phänomene in der gleichen, sehr mächtigen Sprache der Infinitesimalrechnung auszudrücken.

Der neoklassische Ansatz ist elegant, aber er hat drei große Probleme. Erstens waren die Annahmen, die die Ökonomen machen mussten, um die Mathematik zum Laufen zu bringen, brutale Vereinfachungen, wie ich weiter unten ausführen werde. Zweitens bedeutete die Annäherung an das komplexe, sich selbst organisierende System des Marktes mit der Sprache der klassischen Mechanik, den Markt nicht als ein komplexes, sich ständig entwickelndes System zu behandeln, sondern eher als ein geordnetes, eher statisches System, das stets versucht, ins Gleichgewicht zurückzukehren. Das dritte Problem betrifft den grundlegenden Unterschied zwischen der sozialen Welt der Ökonomie und der natürlichen Welt der Physik.

Abbildung 2. Die neoklassischen Ökonomen wussten, was sie wollten: ein vereinfachtes Verständnis des Marktes, das in der mathematischen Sprache von Newton ausgedrückt werden konnte.

Der Kampf der Methoden

Um die Bedeutung dieses fundamentalen Unterschieds zwischen der *sozialen Welt* der Ökonomie und der *natürlichen Welt* der Physik zu verstehen, müssen wir uns einer der bittersten und zerstörerischsten Kontroversen im frühen ökonomischen Denken zuwenden. Sie zerrüttete akademische Beziehungen und wirtschaftswissenschaftliche Fakultäten in Deutschland und Österreich und legte den Grundstein für das, was wir heute als neoklassische Ökonomie bezeichnen. In einer Phase des Konfliktes drängten die Protagonisten ihre Kollegen dazu, jeden, der auf der anderen Seite stand, von akademischen Positionen auszuschließen. Die Wunden verheilten erst nach mehr oder weniger drei Jahrzehnten.

Im Zentrum der tiefen Meinungsverschiedenheiten stand eine Kontroverse, die unter dem Namen *Methodenstreit* in die Geschichte eingegangen ist. Der Ausgang dieses Streits prägt noch immer unser alltägliches Denken über Wirtschaft und den Markt. Auf der einen Seite standen österreichische Ökonomen, die Begründer der sogenannten Österreichischen Schule, einer ökonomischen Denkschule, die auf dem Konzept des methodologischen Individualismus basierte – dass soziale Phänomene nur aus den Motivationen und den Handlungen von Individuen resultieren. Auf der anderen Seite stand eine Gruppe vor allem deutscher Wissenschaftler, die der Meinung waren, dass der Markt nicht losgelöst von seinem historischen Kontext und seiner Entwicklung betrachtet werden kann. Dies war in gewisser Weise eine komplexere Sichtweise, die bedeutete, dass der Markt nicht durch einfache mathematische Formeln erfasst werden konnte.

Der Kampf begann 1883, als der österreichische Ökonom Carl Menger seine *Untersuchungen zur Methode der Sozialwissenschaften unter besonderer Berücksichtigung der Wirtschaftswissenschaften* schrieb. Es war das Jahr des Maxim-Maschinengewehrs und des Orient Express. Die Welt schien in die Zukunft vorzudringen, und Menger wollte die wissenschaftlichen Methoden anpassen, um die Wirtschaft besser zu verstehen. Er hatte zwanzig Jahre lang argumentiert, dass die Ökonomie auf philosophischer Logik basiere und ihre Regeln immer nur aus ersten Prinzipien entwickeln könne. Menschliche Motive und soziale Interaktion seien zu kompliziert, um sie mit statistischen Analysen zu erfassen. Dies war die erste Breitseite.

Sein Buch wurde dem bedeutenden deutschen Gelehrten Gustav von Schmoller zur Durchsicht vorgelegt. Schmoller vertrat Berlin im preußischen Oberhaus und war ein führendes Mitglied der sogenannten Historischen Schule. Er war eine faszinierende Persönlichkeit, mehr an praktischer Politik als an Theorie interessiert. Mengers Buch verärgerte ihn, und er hielt es für eine sinnlose Sackgasse. Schmoller glaubte daran, die Ökonomie auf die Geschichte der einzelnen Phänomene zu gründen. Er wollte eine Ökonomie, die auf der Summe der menschlichen Erfahrung beruht und als mathematisches Gerüst formuliert ist.

„Menger sagt, wer Gesetze will, muss abstrahieren", schrieb Schmoller daraufhin und fuhr fort: „Wir entgegnen, dass letztlich all unser Denken und Erkennen auf Abstraktion beruht. Es kommt aber darauf an, in der richtigen Weise zu abstrahieren, damit unsere Abstraktionen zu wissenschaftlichen Wahrheiten führen und nicht zu schematischen Phantasien oder visionären Eskapaden, wie es leider oft der Fall ist."[25]

Menger reagierte schnell. „Es besteht kein Zweifel, dass Schmoller in seinem persönlichen und vulgären Stil wahre Meisterschaft erreicht hat", schrieb er.[26]

Er schickte ein Exemplar dieses Artikels direkt an Schmoller zur Durchsicht, der ihn sofort mit einer verächtlichen Notiz zurückschickte: „Es ist unmöglich, etwas so Ungeheuerliches nicht nur zu lesen, sondern auch zu rezensieren."[27]

Aber die Wirtschaftsgeschichte gehörte Menger und seinen Österreichern, deren Anhänger dies als einen Kampf zwischen katholischen Aristotelikern und protestantischen Empiristen, zwischen individueller Entscheidungsfreiheit und Determinismus sahen. Die Ökonomie sollte schließlich eine mathematische Wissenschaft werden.

Anstatt von der Realität auszugehen, basierten die Modelle auf dem Glauben an die unsichtbare Hand und trafen höchst vereinfachende und unrealistische Annahmen, die notwendig waren, um diese mathematische Ambition zum Erfolg zu führen. Die Betonung der menschlichen Vernunft und der individuellen Unabhängigkeit durch die Aufklärung trug dazu bei, ein vereinfachtes Modell des menschlichen Handelns zu rechtfertigen, das sich leicht mathematisch modellieren ließ.[28] Schon vor Schmoller waren die politischen Ökonomen der Meinung, dass dieses vereinfachte mathematische Modell kein korrektes Bild des Marktes in der Gesellschaft vermitteln konnte. Sie waren nicht bereit, die komplexeren, subjektiven, menschlichen Faktoren für ausgefallene mathematische Formeln zu opfern. Dieser Kampf sollte das Denken über den Markt in zwei Wissenschaften spalten: Diejenigen, die vereinfachte mathematische Modelle bauen wollten, begründeten die moderne *Makroökonomie*, während diejenigen, die diese Vereinfachungen nicht akzeptieren konnten, zu *Soziologen* wurden. Unglücklicherweise bedeutete der hohe Status der Wissenschaft in den frühen 1900er Jahren, dass sich die Sichtweise der Ökonomen über den Markt verbreitete.

Das war der Streit, der die Ökonomie in den 1880er Jahren zerriss, und dieser Streit ist bis heute nicht wirklich beigelegt. Dieses Buch ist ein Versuch, eine soziologische Perspektive zurück in die Diskussion über den Markt zu bringen.

Die Annahmen hinter dem neoklassischen Modell

Die neoklassischen Ökonomen wussten also, was sie wollten: ein vereinfachtes Modell des Marktes, das in der mathematischen Sprache Newtons ausgedrückt werden konnte. Sie wussten auch, dass sie, um erfolgreich zu sein, unrealistische Annahmen über die Funktionsweise des Marktes machen mussten. Einige dieser Annahmen halten wir heute fälschlicherweise für Wahrheiten über den Markt. Sie wollten ein mathematisches Modell von Adam Smiths Glauben an die unsichtbare Hand, die das Wirtschaftssystem selbstorganisiert.

Hätten die Ökonomen des 19. Jahrhunderts die Computerwerkzeuge gehabt, die wir heute haben, um komplexe selbstorganisierende Systeme zu modellieren, hätten sie sich vielleicht dafür entschieden, diese Werkzeuge zu verwenden. Aber sie hatten sie nicht, und sie leisteten die beste Arbeit, die man mit den zu ihrer Zeit verfügbaren Werkzeugen leisten konnte. Aber wir müssen uns daran erinnern, dass die Newtonsche Infinitesimalrechnung überhaupt nicht dafür gemacht ist, ein komplexes System zu beschreiben. Sie kann eigentlich nur sehr einfache Systeme behandeln, wie zwei Körper, die sich unter der Gravitationskraft bewegen. Wenn wir in diesem Beispiel einen dritten Körper hinzufügen, bricht die Newtonsche Vorhersagekraft zusammen.

Um erfolgreich ein Newton´sches Modell zu erstellen, mussten sie tatsächlich eine Reihe von Annahmen treffen, die die Ökonomie vereinfachten, wohl wissend, dass sie nicht ganz real waren. Um zu einem Modell zu gelangen, das in der mathematischen Sprache ausgedrückt werden konnte – einer Sprache, die für die Beschreibung der Natur durch die Physik so erfolgreich gewesen war –, mussten massive Vereinfachungen vorgenommen werden. Sie mussten zum Beispiel annehmen, wie wir weiter unten untersuchen werden, dass alle Akteure auf dem Markt vollkommen rational sind, dass es perfekten Wettbewerb gibt und dass alle Marktakteure über alles, was auf dem Markt vor sich geht, vollständig informiert sind.

> *Das Problem ist nicht, dass die Ökonomen eine Reihe von unrealistischen Annahmen treffen mussten; das Problem ist, dass sich die meisten von uns heute nicht der Tatsache bewusst sind, dass es sich dabei nur um unrealistische Annahmen handelt, die notwendig sind, damit das Modell funktioniert. Wir fangen an zu glauben, dass die Annahmen tatsächlich die Art und Weise sind, wie der Markt funktioniert, oder zumindest funktionieren „sollte".*

Renne ich hier offene Türen ein? Wird heutzutage nicht allen Studenten im Grundkurs Volkswirtschaftslehre gesagt, dass sie sich daran erinnern sollen, dass „es nur ein Modell ist"? Das folgende Zitat von der Titelseite dieses Buches verdient hier vielleicht eine zweite Erwähnung: „Praktische Männer, die glauben, von jeglichen intellektuellen Einflüssen völlig frei zu sein, sind in der Regel die Sklaven irgendeines verstorbenen Ökonomen."[29] Als John Maynard Keynes diese Worte äußerte, bezog er sich auf die außergewöhnliche Art und Weise, in der sich Politiker und Entscheidungsträger an die Mythen des Marktes klammern, ohne zu erkennen, dass sich die Wirtschaftswissenschaften selbst weiterentwickelt haben. Selbst das neoklassische Modell hat sich weiterentwickelt, und zwar schon vor einem guten Jahrhundert, ohne dass dies zu den Entscheidungsträgern an der Front durchgesickert wäre.

Es ist wahr, dass nur sehr wenige Menschen heute annehmen, dass eine Anwendung des Modells auf die reale Welt (was auch immer die „reale Welt“ sein mag) unproblematisch ist. Dennoch schleicht sich diese Annahme, wie wir gesehen haben, irgendwie in das öffentliche Bewusstsein ein und wird zum Mythos. Ich würde sogar die Behauptung wagen, dass viele intelligente und gut informierte *individuelle* Wissenschaftler, Bürger und politische Entscheidungsträger gemeinsam von einer *bösartigen unsichtbaren Hand* zu absurden Schlussfolgerungen und schlimmen analytischen Irrtümern mit daraus resultierenden Pathologien und Instabilitäten auf dem Markt und in der Gesellschaft insgesamt bewegt werden. Der falsche Glaube an das Modell sitzt in den Mauern und Säulen unserer Institutionen – und nicht beim einzelnen Wirtschafts-Studenten.

Das Modell geht davon aus, dass die Verbraucher berechenbar, vollkommen rational und bewusst in ihren Entscheidungen sind. Es geht davon aus, dass sie aus Eigeninteresse handeln, sich völlig im Klaren darüber sind, was sie kaufen wollen und dass sie ihre Wünsche nicht ändern.

Es geht davon aus, dass Güter, die auf dem Markt gekauft und verkauft werden, einfach sind, sich im Besitz von Individuen befinden und gehandelt werden können. Es stößt auf Schwierigkeiten, wenn es um *kollektive Güter* geht, manchmal auch *öffentliche Güter* genannt, wie eine funktionierende militärische Verteidigung, unsere gemeinsame Kultur oder eine saubere Umwelt.

Es geht von einem perfekten Wettbewerb aus, bei dem eine breite Palette von Produkten verschiedener Anbieter über Preis und Qualität konkurrieren. Es wird davon ausgegangen, dass es auf dem Markt immer leicht verfügbare Alternativen gibt. Es geht von perfekter Information aus und davon, dass Konsumenten und Produzenten Zugang zu allen Informationen über das Produkt und alle alternativen Möglichkeiten haben, sowie das unendliche Wissen und die Zeit, dies alles zu bewerten. Es wird angenommen, dass sie die Zukunft vorhersagen können.

Es ist wichtig, sich daran zu erinnern, dass alle oben genannten Annahmen gemacht werden, damit das Modell in einer einfachen analytischen mathematischen Sprache ausgedrückt werden kann – der Sprache, die Newton für die Physik erfunden hat. Die Annahmen sind keine Aussagen über den tatsächlichen Markt. Die Vorstellung, dass sie tatsächlich Aussagen über den realen Markt sind, ist einer der Hauptgründe für die Mythen rund um den Markt. Das ist es, was ich in Abbildung 1 als Lücke 2 bezeichne.

Bei der Lücke zwischen Mythos und Modell, Lücke 1, geht es um Fehlinformationen. Es ist der Mythos als „weit verbreiteter, aber falscher Glaube“ darüber, was das *klassische ökonomische Standardmodell* über den perfekten Markt vorhersagt. Es ist die Lücke zwischen der in Kapitel 2 dargelegten Volksweisheit und der Art und Weise, wie sie formuliert ist. Alle ernsthaften zeitgenössischen Ökonomen sind sich dieser Lücke bewusst, aber die Wahrheit hat sich noch nicht durchgesetzt. Langsam beginnt es uns zu dämmern, dass der Markt sich nicht um die Umwelt kümmert, aber abgesehen davon scheint die Volksweisheit unerschüttert zu sein.

Wenn man das Modell des Marktes mit der realen Welt vergleicht, sind die Grundlagen des Konzepts des neoklassischen Marktes ziemlich wackelig, wie die neueste akademische Literatur anerkennt. Siehe zum Beispiel den Aufsatz von Arnsberger und Varoufakis aus dem Jahr 2003.[30] Einer der Autoren hat später eines der faszinierendsten Bücher über ganzheitliche Ökonomie geschrieben, und der andere, nun, Sie kennen die Geschichte.

Aber die Kluft zwischen dem Modell und dem Markt ist in der Mikroökonomie immer noch ziemlich groß. Der Wirtschaftsnobelpreisträger Kenneth Arrow wies als Erster auf die strengen Bedingungen hin, die für das Wettbewerbsgleichgewicht erforderlich sind, das das Modell annimmt. Dies sind die Annahmen, die das Modell macht, und sie sind der Stoff, aus dem die Kluft zwischen Modell und Mythos besteht.[31]

***

Wir werden nun - für diejenigen, die es interessiert - die Annahmen, die dem neu-klassischen Modell zugrunde liegen, etwas genauer betrachten.

1. **Die Vorstellung des *homo-economicus*, also des rationalen, individuellen und ökonomischen Akteurs.**

Individuen existieren nicht in Isolation. Das ist der Schlüssel. Wir können Nicht-Rationalität modellieren, einschließlich des Altruismus, aber es geht hier um die Kernannahme, dass wir als isolierte und autonome Individuen handeln.

In Wirklichkeit sind wir Mitglieder einer Familie und einer Gesellschaft, und unsere Entscheidungen werden von zwischenmenschlichen Beziehungen und Gemeinschaftswerten beeinflusst. Die ökonomische Tätigkeit ist eingebettet in ein Netz von sozialen Institutionen (siehe Kapitel 6).

Auch sind die Menschen nicht in dem Sinne rational, wie Adam Smith es glaubte. Das ursprüngliche Konzept des Marktes basierte auf Annahmen über die menschliche Natur, die keine Grundlage in empirischen Fakten hatten.

Wir verwenden immer noch unsere westlichen Vorstellungen von Demokratie, Eigentumsrechten und Freiheit, die aus John Lockes Schriften stammen. Die US-amerikanische Verfassung basiert ausdrücklich auf Lockes Ideen und hat sie in unsere Gesellschaft und Kultur einfließen lassen. Locke schrieb 1690 *An Essay Concerning Human Understanding*, in dem er vorschlug, dass der Mensch als „unbeschriebenes Blatt" geboren wird. Erst fast zwei Jahrhunderte später, im Jahr 1859, veröffentlichte Darwin *On the Origin of Species* und begann damit eine tiefere Untersuchung der menschlichen Herkunft, die sich – weitere 150 Jahre später – nicht wirklich in unserem politischen oder wirtschaftlichen Denken niedergeschlagen hat. Und das liegt nicht nur am Einfluss der Kreationisten in den Vereinigten Staaten.

2. Die Vorstellung, dass Menschen in ihrem eigenen Interesse rationale Entscheidungen treffen.

Das Verhalten der Menschen wird von einer Vielzahl von Faktoren beeinflusst, einschließlich moralischer und ethischer Überlegungen. Menschen sind keine reinen Hedonisten. Sie machen Impulskäufe, treffen spontane Konsumentscheidungen, suchen das Abenteuer und hegen Sehnsüchte nach dem Unbekannten, und all dies ist selten immer „rational". Es gibt nun Verhaltensökonomen, die sagen, dass ihr Modell diese menschlichen Eigenschaften berücksichtigt, aber das traditionelle Modell tut dies nicht. Adam Smith schrieb 1776 *The Wealth of Nations*, und die Logik von Smiths Werk basiert auf dem Glauben an Gottes Vorsehung in der Welt.[32] In diesem Sinne beruhen moderne Vorstellungen vom Markt auf dem Glauben und nicht auf tatsächlichen Beobachtungen der Realität.

3. Der perfekt wettbewerbsfähige Markt.

Moderne Ökonomen haben inzwischen den unvollkommenen Wettbewerb einbezogen, aber das traditionelle Modell akzeptiert diese Unvollkommenheit nicht. Eine der traditionellen Annahmen ist, dass es unendlich viele Käufer und Verkäufer gibt, von denen keiner von sich aus den Markt beeinflussen kann. In der realen Welt gibt es natürlich Monopole, Oligopole und unvollkommenen Wettbewerb, der auf differenzierten Produkten und anderen sozialen und geografischen Positionen beruht. In den 1930er Jahren schrieben Edward Chamberlin und Joan Robinson Bücher, um die „Gesetze" der Wirtschaft zu modifizieren, die so formuliert waren, dass sie zu einem perfekt wettbewerbsfähigen Markt passten.[33] Aber das war vor dem Aufkommen der modernen Konzerne – die, wie wir wissen, ziemlich groß sein können und nach Regeln spielen, die weit über die ihrer Heimatstaaten hinausgehen.

Wie J. K. Galbraith dargelegt hat, sind die Konzerne von heute so mächtig, dass sie – mit Hilfe von Werbung und Geldmacht – in der Lage sind, die These, dass das Angebot auf der Nachfrage basiert, umzukehren. Die Konzerne manipulieren die Nachfrage so, dass sie mit dem Angebot übereinstimmt. Auch sind die Verbraucher nicht sehr gut über die Produkte und Dienstleistungen informiert, die sie kaufen. Es gibt keine „augenblickliche Allwissenheit".

Der in den Lehrbüchern der Mikroökonomie beschriebene Markt hat auch keine Ähnlichkeit mit dem Markt in der realen Welt. Deshalb geht es in den Marketing-Lehrplänen der BWL-Studiengänge um praktische Dinge wie Marken oder gutem Willen und nicht um die theoretischen Vorgaben eines wettbewerbsfähigen Marktes.

Damit ein echter Markt – im herkömmlichen Sinne – existieren kann, muss es eine Auswahl und eine Bewegung geben: Es muss einen echten Wettbewerb zwischen den Akteuren geben, und die „Kunden" müssen es leicht finden, den Anbieter zu wechseln, wenn sie unzufrieden sind. Wenn Sie als Kunde mit dem Hotel nicht zufrieden sind, checken Sie sofort aus und gehen über die Straße in ein anderes Hotel. Aber wenn Sie ein Krankenhauspatient sind, werden diese Entscheidungen oft für Sie getroffen. Manchmal funktioniert die Drohung, woanders hinzugehen, einfach nicht. Manchmal brauchen wir Garantien, dass ein Elektriker gefährliche Installationen durchführen kann, oder dass eine Bank das Geld, das Sie eingezahlt haben, auch zurückzahlen kann. Doch nicht immer gibt der Markt solche Garantien. Die einzige Institution, die dies tun kann, ist der Gesetzgeber, der die Bedingungen für den Markt schafft.

4. Die Idee der konstanten Produktionskoeffizienten.

In der realen Welt treffen Unternehmen ihre Produktionsentscheidungen nicht, indem sie Marginalkosten mit Marginalerlösen gleichsetzen oder indem sie ständig einen Produktionsfaktor durch einen anderen an der „Marge" ersetzen. In der Praxis werden diese Entscheidungen oft durch die Art und Weise beeinflusst, wie die ganzen Prozesse funktionieren, durch die Kapitalausstattung und die Technologie. Man kann einzelne Güter nicht so einfach aufteilen, um herauszufinden, was sie auf diese Weise kosten.

5. Die Idee des Gleichgewichts.

Die Mikroökonomie geht davon aus, dass der natürliche Zustand des Marktes ein Gleichgewicht ist. Diese Annahme erlaubt es den Ökonomen, sich die mathematischen Werkzeuge der Physiker zu leihen, um Systeme zu modellieren, die versuchen, ihr Gleichgewicht zu halten. Tatsächlich operiert der Markt, wie wir aus der Komplexitätsökonomie und aufgrund der Veränderungen in mindestens drei Bereichen (Technologie, Verbraucherpräferenzen und dem Gleichgewicht von Angebot und Nachfrage) wissen, meist sehr weit vom Gleichgewicht entfernt. In der Praxis befindet er sich meist am Rande des Chaos. Mit diesem Ausdruck „Chaos" meine ich nicht unbedingt immanente soziale Unordnung und Zusammenbruch. Wenn ein System „am Rande des Chaos" und „weit vom Gleichgewicht entfernt" ist, bedeutet das einfach, dass eine Menge Aktivität oder Energie durch das System fließt und dass sich seine allgemeinen Eigenschaften dramatisch verändern würden, wenn nur ein wenig mehr Energie hineingeschoben würde.

Ungewissheit ist ein integraler Bestandteil des Wirtschaftslebens, und dennoch gelang es, die Analyse durch Ökonomen in jeder rigorosen Weise zu vermeiden, bis Kenneth Arrow in den frühen 1950er Jahren die Ungewissheit in die Gleichgewichtsanalyse einführte, wenn auch in einer spezifischen und restriktiven Weise.[34] Selbst das geht nicht weit genug, weil chaotische Beziehungen auf dem Markt eher die Regel als die Ausnahme sind und mehrere Gleichgewichte beinhalten können, die die Wirtschaft nie ganz erreicht.[35]

Sich am Rande des Chaos zu befinden bedeutet, dass dramatische Veränderungen der Regeln und Eigenschaften des Marktes immer hinter der nächsten Ecke lauern, zum Guten oder zum Schlechten. Es gibt keine gemeinsame Basis, von der man ausgehen kann, kein „business as usual" in der dramatischen Explosion menschlicher Aktivitäten, die der Markt in der modernen, globalisierten Gesellschaft darstellt. An welche Plateaus wir uns auch immer für ein paar Jahrzehnte gewöhnen mögen, dies sind keine neutralen Ausgangspunkte. Der Markt, wie wir ihn kennen, ist das sich ständig erneuernde Ergebnis extrem schneller und mächtiger Ströme von Waren, Dienstleistungen, Informationen und Technologien. Der Markt ist ein Muster dieser dramatisch expandierenden Ströme.

Die *Financial Instability Hypothesis* des Ökonomen Hyman Minsky identifiziert positive Rückkopplungsschleifen in der Finanzökologie, die Blasen und Pleiten begünstigen – das genaue Gegenteil einer Tendenz zum Gleichgewicht.

6. Das Fehlen von Institutionen in der Mikro-Ökonomie.

Die Mikroökonomie übersieht völlig die Rolle von Institutionen, einschließlich des rechtlichen Rahmens, des Bildungssystems und der kulturellen Institutionen, die den Markt unterstützen und umrahmen. Daraus ergibt sich, wie wir gesehen haben, die nächste Lücke – zwischen dem Markt, wie er ist, und dem Markt, wie er sein könnte. Wie wir später sehen werden, formen die Institutionen die Märkte und haben in vielerlei Hinsicht großen Einfluss.

7. Nicht-marktwirtschaftliche Aktivitäten.

Die Mikroökonomie beschränkt ihre Aufmerksamkeit auf die wirtschaftliche Aktivität des Marktes. Sie vergisst die wirtschaftlichen Aktivitäten, die in Familien, Gesundheits- und Bildungseinrichtungen und in der Regierung stattfinden, um nur einige Beispiele zu nennen. Man schätzt, dass die Familienaktivitäten in den westlichen Volkswirtschaften 40 Prozent des BIP ausmachen.

Wir haben zugelassen, dass die ökonomische Metrik alle unsere Entscheidungen bestimmt, so dass selbst kulturelle Aktivitäten nun einen finanziellen *Return on Investment* vorweisen müssen. Dies impliziert eine Lücke, die auch andersherum funktioniert: Das individuelle Verhalten auf dem realen Markt wird stark von nicht-marktwirtschaftlichen Umständen beeinflusst. Wenn man einen unterstützenden, unbezahlten Ehepartner hat, der alle nicht-marktbezogenen, essentiellen Familienaufgaben übernehmen kann und es einem komplett ermöglicht, an der hoch anspruchsvoller und bezahlter Arbeit teilzunehmen, wird dies im Modell nicht berücksichtigt. Es ist bekannt, dass Arbeitnehmer, meist Frauen, die eine Auszeit nehmen, um sich um ihre Kinder zu kümmern, infolgedessen schlechtere Karriereaussichten haben. Dies ist eine Realität auf dem Arbeitsmarkt, aber wo taucht dies im Modell auf? Wie können wir die Bedeutung von persönlichen und familiären Beziehungen für den Erfolg von Unternehmern berücksichtigen?

8. Die Fähigkeit zur Vorhersage.

Die Bilanz der Mikroökonomie beim Verstehen und Vorhersagen der Wirtschaft auf Makroebene ist nicht beeindruckend. Die Ökonomen der letzten Jahre, darunter einige Nobelpreisträger, haben versucht, sich mit diesen unbequemen Fragen auseinanderzusetzen, haben aber das Grundproblem nicht wirklich geknackt. Die Annahmen in den Modellen sind so vereinfacht, dass sie zu wenig Bezug zur realen Welt haben, um vorhersagen zu können, was in der realen Welt passieren wird. Ein Bericht zeigt, dass Klimamodelle viel genauer sind als Wirtschaftsmodelle, dennoch wird paradoxerweise oft davor gewarnt, die Politik auf Klimamodelle zu stützen, weil sie als zu unsicher gelten.[36]

9. Die Produktionsfunktion.

Vor der neoklassischen Ökonomie erkannte die „klassische Ökonomie" vier Produktionsfaktoren an: Land, Arbeit, Kapital und Unternehmen. Dies war aber zu komplex, um es mathematisch modellieren zu können; daher reduzierte die neoklassische Ökonomie es auf Arbeit und Kapital. Diese analytische Verschiebung ist mit den Gesetzen der Thermodynamik unvereinbar, weil Energie, Materie, Maschinen und Geld als perfekt austauschbar miteinander behandelt werden (wobei, wie wir wissen, jedes reale System nur unter erheblichem Energieaufwand von einem Zustand in einen anderen übergehen kann). Ökologische Ökonomen haben eine viel realistischere Produktionsfunktion entwickelt.[37]

***

Diese Annahmen sind der Grund für die Kluft zwischen Theorie und Realität. Den Konsumenten wird unterstellt, dass sie „ihren Nutzen maximieren", wie es im Fachjargon heißt, und dies zusammen mit Unternehmen, von denen angenommen wird, dass sie nur an der Maximierung ihres Gewinns interessiert sind. Die Annahmen des perfekten Marktes ermöglichen es, die Mathematik anzuwenden, die für die Newtonsche Physik entwickelt wurde – die Infinitesimalrechnung –, was zu schönen Formeln führt. Der Haken an der Sache ist nur, dass es diesen „Modellmarkt" nicht gibt.

Der reale Markt ist ganz anders. Wir wissen z. B., dass Werbung funktioniert, was bedeutet, dass unsere Bedürfnisse und Wünsche Funktionen der gesellschaftlichen Kultur und des Marketings sind. Dank Freud und seinen Nachfolgern wissen wir heute auch, dass der Mensch nicht annähernd so rational und transparent ist, wie die Philosophen der Aufklärung annahmen. Wir wissen auch, dass der Wettbewerb nicht perfekt ist. Patente und Copyrights sind legal Wege, um zeitlich begrenzte Monopole zu schaffen. Immer mehr Industrien verlassen sich auf diese Monopole, um Gewinne zu erzielen. Das alles kratzt natürlich nur an der Oberfläche der Ausnahmen von diesen Regeln.

Die Ökonomen, die vor rund 100 Jahren die Theorien des *klassischen Standardwirtschaftsmodells* aufstellten, waren sich der Grenzen dieser Theorie sehr wohl bewusst. *Der perfekte Markt* ist nur ein theoretischer Ausdruck. Dies ist aber ein unglücklicher Begriff, denn er hat sich im Sprachgebrauch festgesetzt und führt zu falschen Überzeugungen, die auf einer unmöglichen Vereinfachung beruhen und die irgendwie zu einem utopischen Ideal geworden sind.

Er führt auch zu einer ziemlich verwirrenden Sprache über „Effizienz", ein Wort, das ebenfalls der Physik entlehnt ist. Wir wollen, dass die Dampfmaschine so wenig Energie wie möglich verliert und so viel Arbeit wie möglich liefert, wenn man den Brennstoff einsetzt. Aber wenn Ökonomen sagen, dass der Markt in ihrem Modell *effizient* ist, verwenden sie das Wort eigentlich auf eine ganz andere Weise. Es wird oft mit „Pareto-Effizienz" übersetzt, was nur bedeutet, dass die Verteilung der Güter auf dem Markt so ist, dass niemand besser gestellt werden kann, ohne dass jemand anderes einen Nutzen verliert - wie marginal auch immer. Es bezeichnet eine sehr begrenzte Art des Gleichgewichts. Wenn ein Milliardär auf einen Dollar verzichten müsste, um tausend Kinder vor dem Verhungern zu retten, wäre es immer noch Pareto-effizient, diesen Dollar *nicht* auszugeben. In der Alltagssprache würden wir dies wahrscheinlich als ineffizient und ungerecht bezeichnen.

Was Menschen, die an das Modell des Marktes glauben, oft nicht erkennen, ist, *dass diese ökonomische „Effizienz" das einzige ist, was das Modell vorhersagt.* Es gibt keine anderen intrinsischen Werte in den Ergebnissen des Modells, und Ökonomen sind sich dessen bewusst. Es gibt keine Vorhersagen über Gerechtigkeit, Nachhaltigkeit, Güte oder Sinn. Es gibt auch keine Aussagen über Resilienz (Widerstandsfähigkeit gegen Schocks, sei es ökologisch, sozial oder durch zerstörerische Technologien). In der Natur gibt es einen Zielkonflikt zwischen der Maximierung der Produktion (Effizienz) und der Resilienz. Eine Kiefernwald-Monokultur wird die Tonnage der Holzproduktion maximieren, aber weit weniger widerstandsfähig sein als reife Mischwälder.

Tatsächlich sagt keine ökonomische Theorie, dass das Marktgeschehen fair (eine Frage der Moralphilosophie) oder ökologisch nachhaltig (eine empirische, naturwissenschaftliche Frage) sein wird. Selbst unter den idealsten Bedingungen sorgt der Markt, so wie er im Modell dargestellt wird, nicht unbedingt für zufriedene Kunden – oder eben Lieferanten. Die einzige Schlussfolgerung, die aus dem Modell in Bezug auf die Verteilung gezogen werden kann, ist, dass die Menschen mit der größten Wirtschaftskraft am wenigsten unzufrieden im Markt sein werden.

Erinnern wir uns nun daran, dass im Laufe der Geschichte der Mangel an Ressourcen die größte Einschränkung für die Menschheit war. Als die Wirtschaftstheorien vor mehr als einem Jahrhundert entwickelt wurden, hungerten große Teile der europäischen Bevölkerung – ganz zu schweigen von dem Rest der Welt. Während des 19. Jahrhunderts gab es riesige Migrationsbewegungen verarmter Schweden, Iren und Juden aus Russland und Polen nach Westen über den Atlantik, oft aus Mangel an Ressourcen. Aus diesem Grund konzentrierten sich Menschen, die den Markt in der ersten Hälfte dieses Jahrhunderts studierten, auf effizientes Ressourcenmanagement und die Fähigkeit, ein Land oder ein Volk zu unterstützen. Natürlich drehte sich das Modell um Effizienz, sogar in dem später eingeschränkten Sinne der Pareto-Verteilung.

Verbreiterung der 2. Lücke

Erschwerend kommt hinzu, dass viele Marktteilnehmer aktiv versuchen zu profitieren, indem sie den Markt so weit wie möglich von den im Modell angenommenen Bedingungen wegbewegen. Das Modell der Ökonomen beruht bereits auf einer Reihe von unrealistischen Annahmen, und dann manipulieren diejenigen, die im Markt Geschäfte machen, ihn noch weiter. Sie tun ihr Bestes, um die Kluft noch größer werden zu lassen. Dies geschieht auf verschiedene Weise:

Vertiefung der Kluft Nr. 1: Überwindung des Wettbewerbs. In der Theorie des Marktes und dem Modell ist der Wettbewerb immer frei. Aber viele Unternehmen nutzen ihre Stärke auf dem Markt, um den Wettbewerb zu reduzieren. Sie übernehmen ihre Konkurrenten und werden so zu marktbeherrschenden Akteuren. Die verbleibenden kleineren Teilnehmer können dann leicht verdrängt werden. Eine anderes Weise besteht darin, dass Unternehmen den Wettbewerb reduzieren, indem sie den Eindruck einer großen Auswahl an Angeboten erwecken, zwischen denen wir wählen können. Oft kommen so zwölf der vierzehn Packungen Frühstücksflocken, zwischen denen man im Laden wählen kann, vom selben Hersteller. Man denkt, dass man als Verbraucher die Wahl hat, und dass man zwischen konkurrierenden Herstellern wählen kann, aber so oft wählt man immer den dominanten Marktteilnehmer.

Vertiefung der Kluft Nr. 2: Begrenzte Informationen. Das Modell geht davon aus, dass alle Interessensgruppen, Verbraucher und Produzenten, über die gleichen vollständigen und detaillierten

Informationen verfügen. In der Praxis sind die Unternehmen nicht daran interessiert, dass ihre potenziellen Kunden alles wissen. Wenn der Elektrizitätsanbieter anruft und Ihnen neue Verträge anbietet, kann es mehr als nur ein wenig Zeit und Mühe kosten, herauszufinden, was das Angebot wirklich beinhaltet, während der Vollzeitverkäufer ein detailliertes Bild hat. Er hat Ihnen gegenüber einen Informationsvorsprung und kann wählen, welche Informationen er hervorhebt oder nicht erwähnt. Für die Auswahl zwischen komplexeren Produkten, wie Renten oder Mobiltelefonen, bedarf es noch mehr Zeit und Energie. Die Verkäufer haben einen großen Informationsvorsprung und Sie werden das Produkt oder die damit verbundenen Kosten oder Risiken wahrscheinlich nie ganz verstehen. Je mehr Auswahlmöglichkeiten wir als Verbraucher haben, desto weniger Zeit haben wir, um uns ausreichend zu informieren, und desto größer ist der Informationsvorsprung der Verkäufer. Dies ist wichtig zu bedenken, wenn Politiker immer mehr Entscheidungen auf uns abwälzen. Amerikas langjähriger Notenbankchef Alan Greenspan sagte einmal, dass nicht einmal ein Doktortitel in Mathematik ausreiche, damit wir die richtige Rente wählen können.[38]

Vertiefung der Kluft Nr. 3: Manipulation der Konsumenten. Die ökonomische Modelltheorie vom Konsumenten im perfekten Markt ist nicht hilfreich, wenn es darum geht, im realen Markt Geld zu verdienen. Dafür ist ein praktisches und gewinnbringendes Verständnis des Verbraucherverhaltens erforderlich, ein Verständnis, das völlig außerhalb der ökonomischen Theorie liegt. Als Konsumenten sind wir viel mehr durch unsere Biologie, Psychologie und Kultur beeinflusst, als die Theorie zu berücksichtigen vermag. Im Marketing geht es vor allem darum, Strategien zu entwickeln, um das Verhalten der Verbraucher zu ändern, indem genau die irrationalen Elemente in unserer Natur angesprochen werden, die das Modell nicht akzeptieren will. Marketing versucht, unser Verhalten zu ändern und uns neue Bedürfnisse zu vermitteln, von denen wir gar nicht wussten, dass wir sie haben, bevor wir über sie informiert wurden. Wir glauben, wir brauchen die neueste Mode. Wir glauben, dass wir konsumieren müssen, um uns gut zu fühlen. Auch die Verpackungsgrößen in unseren Supermärkten oder die Portionen von Fast Food und Softdrinks manipulieren uns. Wir kaufen gerne eine größere Packung als wir brauchen, die nur ein wenig mehr kostet, und gewöhnen uns an das Produkt – und tun es wieder. In einigen Fällen profitieren die Verbraucher davon, aber im Allgemeinen ist es eine schlechte Nachricht für die öffentliche Gesundheit. Es gibt auch Marken, die riesige Summen in die Ausnutzung der Irrationalität der Menschen investieren. Sie bezahlen Neurowissenschaftler und Psychologen, um herauszufinden, wie man Menschen so manipulieren kann, dass sie ihre Produkte kaufen. Das ist die ganze Idee des Marketings. Wir sind so sehr an Werbung und Marketing gewöhnt, dass wir denken, es hätte etwas mit dem Wirtschaftsmodell zu tun. In Wirklichkeit widerspricht es dem.

SCHLUSSBEMERKUNG

Wo führt uns das also hin? Es legt nahe, dass das alte – aber immer noch so einflussreiche – ökonomische *Modell* die Quelle vieler falscher Überzeugungen ist, die wir über den Markt haben. Es legt auch nahe, dass es eine große Lücke zwischen dem *Modell* und dem *tatsächlichen Markt* gibt. Wenn wir die unrealistischen Annahmen des Modells vergessen und dazu übergehen, dem Modell Eigenschaften und Fähigkeiten zuzuschreiben, die es eigentlich nicht hat, dann wird die Gesamtlücke – zwischen dem Mythos, dem Modell und dem Markt – riesig. Das ist die Gesamtlücke zwischen dem Mythos und dem vorherrschenden Markt.

Nichts von alledem bedeutet, dass der Markt keine wichtige Rolle spielt oder dass er im Gesundheitswesen oder anderen ehemals öffentlichen Aktivitäten keinen Platz hat. Er kann unglaublich effektiv sein, wenn er richtig eingesetzt wird. Der Markt ist eine effiziente, aber einäugige Maschinerie. Nur die kurzfristige Pareto-Effizienz für wohldefinierte private Güter wird automatisch sichergestellt. Und der Einsatz des Marktes führt zu unerwarteten Ergebnissen, wenn er an dort eingesetzt wird, wo er eigentlich nicht hingehört.

In der Tat wird viel zu wenig darüber diskutiert, ob wir den Markt besser nutzen können. Es gibt kaum eine nennenswerte Debatte über die Konflikte zwischen Profit und anderen menschlichen Werten. Wie verhält sich die linke Kritik an der Privatisierung zu den entstehenden Sozialunternehmen? Wie passt die soziale Verantwortung von Unternehmen dazu?

Wenn man verhindert, dass Menschen Profit machen, schafft man sicher nicht die anderen menschlichen Werte. Aber wir müssen uns darüber im Klaren sein, dass wirtschaftliche Effizienz in dem oben diskutierten engen Sinne der einzige Wert ist, der automatisch entsteht, wenn wir uns auf den Markt verlassen. Wenn wir andere menschliche Werte wie Würde, Gerechtigkeit, Wissen, Nachhaltigkeit und Empathie wollen, dann müssen wir sie bewusst als integrale Bestandteile des Spielfelds des Marktes konstruieren.

Ist das überhaupt möglich? Ja, denn es gibt eine dritte Lücke, zwischen dem Markt, den wir haben, und den *möglichen Märkten,* die wir haben könnten.

Kapitel 4

Die soziale Konstruktion des Marktes

„‚Wenn ihr an Feen glaubt', rief er, ‚dann klatscht in die Hände. Laßt Tink nicht sterben!'"

J. M. Barrie, Peter Pan

Es ist an der Zeit, mit mir eine Tasse Kaffee trinken zu gehen. Ich sitze in einem Starbucks-Laden in der City of London, dem Finanzzentrum Europas. Ich habe gerade ein Meeting mit einer der führenden Banken beendet und bin nun auf dem Weg zurück nach Notting Hill, wo ich wohne. Ich habe Geld in der Hand: drei Ein-Pfund-Münzen. Die Münzen sind schwer. Die Schwerkraft verleiht ihnen ein erhebliches Gewicht in meiner Hand. Als Investmentbanker ertappe ich mich dabei, wie ich darüber nachdenke, was diese Münzen eigentlich sind. Was ist es, das diese Metallstücke zu Geld macht? Was ist es, das es mir erlaubt, damit einen Kaffee zu bezahlen? Gibt es etwas jenseits unseres gemeinsamen Glaubens an Geld, das die Münzen zu Geld macht? Das Problem wird noch deutlicher, als mir klar wird, dass kein Coffeeshop in Schweden diese Ein-Pfund-Münzen als Bezahlung für irgendetwas akzeptieren würde.

Ich gebe die Münzen dem Barista, der vorschlägt, dass ich mir eine Starbucks-Karte besorge. Ich erkenne, wie viel Geld ich mit einer solchen Karte sparen werde und lade sie sofort mit 50 Pfund auf. Starbucks nimmt meine 50 Pfund und verwendet sie, um Löhne zu zahlen, Rohstoffe zu kaufen oder die Miete für ihre Räumlichkeiten zu bezahlen. Das Geld ist nun ausgegeben. Aber ich habe immer noch 50 Pfund auf meiner Karte, um Kaffee zu kaufen.

Es mag seltsam erscheinen, aber Starbucks hat gerade neues Geld geschaffen. Starbucks hat dem System mehr Geld hinzugefügt! Genauso wie wenn ein Lieferant einem 60 Tage Zeit gibt, eine Rechnung zu bezahlen. Geld kann in der heutigen Gesellschaft von jedem geschaffen werden, und das ist eine gute Nachricht. Es zeigt einen Anstieg des Vertrauens innerhalb der Gesellschaft. Dieses neue Geld war vorher nicht da; schließlich hat Starbucks das Geld, das ich ihnen gegeben habe, ausgegeben. Wie konnte das passieren? Starbucks ist wohl kaum eine Zentralbank. Es ist nicht einmal eine gewöhnliche Bank, aber irgendwie haben sie die Macht, Geld zu erschaffen. Die Münzen in meiner Hand fühlten sich greifbar und real an, aber Starbucks-Guthaben ist Geld, weil ich glaube, dass es das ist. Der Wert ist nicht einmal mit der Karte verbunden. Der Barista erklärt, dass ich, wenn ich die Karte im Internet registriere, einfach eine neue Karte abholen kann, wenn ich diese Karte verliere. Das Geld bleibt. Geld hat keine physischen Eigenschaften – es ist eine Idee, deren Existenz von unserem kollektiven Glauben daran abhängt.

Aber wie kann sich etwas, das nur eine soziale Idee und eine Vereinbarung zwischen uns ist, so greifbar und real anfühlen? Wenn ich Geld als Idee nicht mag, sollte ich in der Lage sein, es zu ignorieren – aber Geld und unser Bedarf daran sind so real wie unsere biologischen Bedürfnisse nach Wasser und Luft. Wie kann ein Glaube an eine Idee zu einer so objektiven Tatsache der Realität werden? Die Masse der Münzen in meiner Hand hängt nicht davon ab, wie ich sie wahrnehme. Die Masse selbst existierte und spielte schon beim Urknall eine entscheidende Rolle, Milliarden Jahre bevor sie überhaupt jemand fühlen konnte, und Milliarden Jahre bevor die Physiker auf die Idee kamen, sie „Masse“ zu nennen. Aber Geld, Eigentum und Markt sind nicht unabhängig vom menschlichen Bewusstsein oder von der Welt der Ideen. Ohne Menschen gibt es kein Geld und keinen Markt. Außerdem kann sich das, was als objektive Realität erscheint, zusammen mit unserem kollektiven Glauben an diese Veränderungen verändern.

Geld ist eine neue Art von Phänomen, ein sozial konstruiertes, wie Ehe, Nationen, Wissenschaft und Religion. Diese sozial konstruierten Phänomene existieren nur aufgrund menschlicher Aktivitäten. Das physische Land, auf dem wir leben, existiert unabhängig von uns Menschen, aber das Land Vereinigtes Königreich existiert nur so lange, wie wir glauben, dass es existiert. Ein Referendum könnte das ändern. Es ist eine sozial konstruierte Realität. Genau wie Geld.

Wir müssen mehr darüber nachdenken, wie dies funktioniert, denn es erklärt die dritte Lücke – zwischen dem Markt, wie er ist, und dem Markt, wie er sein könnte. Wenn der Markt von uns geschaffen wurde und dieser Prozess weitergeht, dann haben wir vielleicht mehr Macht, ihn zu formen und zu gestalten, als uns jetzt bewusst ist.

***

Wenn Geld nur ein soziales Konstrukt ist und es so einfach zu erschaffen ist, warum gibt es dann so viel Armut auf der Welt? Wenn Menschen das Phänomen des Geldes und des Marktes geschaffen haben, können wir dann nicht die Art und Weise ändern, wie Geld funktioniert? Können wir die grundlegende Funktionsweise der Gesellschaft ändern?

Wie hat sich unsere sozial konstruierte Welt entwickelt? Was ist es, das den Menschen dazu bringt, seine eigene Realität auf eine Weise zu konstruieren, die im Tierreich einzigartig zu sein scheint? Denn das Merkwürdige ist, dass diese „sozialen Konstrukte" der Gesellschaft in den meisten Fällen nie bewusst erzeugt wurden. Noch weniger von ihnen werden in Gesetzen verankert, obwohl wir uns später vielleicht auf das Gesetz berufen, um ihnen Grenzen zu setzen. Sie tauchen einfach als „soziale Tatsachen" auf. Geld mag für uns so wichtig sein wie Sauerstoff, aber es unterscheidet sich grundlegend von Sauerstoff. Geld ist nur eine menschliche Idee. Aber wie kann eine menschliche Idee für uns Individuen so real werden wie Luft, Felsen und Berge? Das ist die entscheidende Frage der Soziologie.

Ich begann über diese Fragen nachzudenken, als ich mein eigenes Finanzdienstleistungsunternehmen gründete, das später zu einer

Bank wurde. Ich dachte darüber nach, was Geld, Eigentum und der Markt wirklich sind, und begann zu erkennen, wie sich die menschliche Welt grundlegend von der natürlichen Welt unterscheidet, an die ich aus meinem Physikstudium gewöhnt war. Ein Teil des Übergangs, den ich vom Physiker zum Unternehmer vollzog, bestand in der langsamen Erkenntnis, dass ich auf eine andere Art von Realität blickte. Ich erkannte, dass viele Dinge in unserer Welt, die ich für selbstverständlich gehalten hatte, eigentlich sehr seltsame Konstruktionen waren, die keine offensichtliche Grundlage in der Realität hatten. Es war nicht nur so, dass ich sie nicht unter einem Mikroskop betrachten oder in einen Teilchenbeschleuniger stecken konnte. Sie hingen wirklich von dem ab, an was wir kollektiv glaubten. Es war ein bisschen wie bei Tinkerbell in *Peter Pan*.

Es wirkte alles sehr eigenartig. Geld war ein *Ding*, aber auch nicht wirklich ein Ding. Ich rang mit dem, was man als „Geld-Ontologie" bezeichnen könnte. Ich fand es auch hilfreich, über dieses Thema in Form von Kinderspielen nachzudenken.

Stellen Sie sich zum Beispiel vor, dass ein paar Kinder zusammen spielen. Sie beginnen, sich bei dem aktuellen Spiel zu langweilen und beschließen, ein neues zu erfinden. Ein Kind schlägt vor, dass es zwei verschiedene Gruppen gibt, die durch eine große Schlucht getrennt sind, die durch den Teppich im Raum dargestellt wird. Ein anderes sagt, dass es eine Brücke gibt, die nur überquert werden kann, wenn die Königin (das Kind zeigt auf sich selbst) sagt, dass man sie überqueren darf. „Vielleicht", sagt ein anderes Kind, „gibst du der Königin viel Gold und sie lässt dich rübergehen." Das Kind zeigt auf ein paar Legosteine. „Das ist das Gold", sagt es.

Das Spiel entwickelt sich, aber plötzlich rennt eines der Kinder abrupt aus dem Raum und sagt, dass es dieses dumme Spiel nicht mehr spielen möchte.

Diese Geschichte hat interessante Ähnlichkeiten mit unserer Welt. Die Kinder erfinden ein neues Spiel und dazu gehört, dass sie sich Regeln ausdenken, Rollen und Verantwortlichkeiten zuweisen und bestimmten Gegenständen eine Funktion zuordnen – das Legostück steht für Gold und ist nun ein wertvolles Transaktionsmittel. Außerdem stellen die Kinder die Regeln auf und halten sich an sie im Spiel. Solange sich die Kinder vorstellen, dass eine von ihnen Königin ist, ist sie im Rahmen des Spiels auch tatsächlich eine Königin.

Wir Erwachsenen schaffen auch Regeln, und diese Regeln definieren, was als nationale Grenzen zählt, wer als illegaler Ausländer gilt und wer entscheiden darf, wer die Grenze überschreiten darf. Die Regeln definieren auch Rollen innerhalb eines Systems, und jede Rolle kommt mit bestimmten Rechten und Pflichten, so wie die Königin das Recht und die Verantwortung hat, zu entscheiden, wer die Brücke überqueren darf. Wir weisen auch bestimmten Objekten einen Wert zu, z. B. Papier statt Lego oder Blips auf einem Computerbildschirm, und beginnen, sie als etwas anderes zu zählen. Diese Stücke Papier – Geld – können für Transaktionen verwendet werden. Und sobald wir einige dieser definierenden Regeln ändern, so wie es die Kinder taten, ersetzen wir eine alte Institution durch eine neue Institution oder ein Spiel durch ein anderes Spiel.

Unsere soziale Welt ist genau wie die Spiele der Kinder. Sie ist eine Welt der Vorstellungskraft und des Fantasierens. Sie ist ein Produkt unserer kollektiven Vorstellungskraft, und sie kann nur so lange existieren, wie genügend Menschen daran glauben und das gleiche Spiel spielen, und zwar mit den gleichen Regeln. Unsere gemeinsame soziale Welt ist ziemlich zerbrechlich: Sie existiert nur, weil die Menschen glauben, dass sie existiert. Aber das macht sie keineswegs weniger greifbar oder real.

Andererseits gibt es einige wichtige Unterschiede zwischen den Spielen der Kinder und der sozialen Welt. In dem oben beschriebenen Spiel zählen die Kinder den Teppich als Schlucht und Legosteine als Geld. In unserer sozialen Welt können wir nicht einfach einen Canyon erschaffen, indem wir uns dafür entscheiden – dafür sind wir auf geologische Kräfte angewiesen –, aber wir können uns dafür entscheiden, einige Dinge als Transaktionsmittel zu zählen und Geld zu erschaffen. Hier ist also eine zentrale Unterscheidung zwischen natürlichen Phänomenen (Canyons, die unabhängig von uns existieren) und sozialen Phänomenen (Geld und Königinnen sind in ihrer Existenz von uns abhängig).

Eine weitere interessante Sache ist, wenn eines der Kinder plötzlich weggeht, kann es das einfach tun. Er hat die individuelle Freiheit, das Spiel zu verlassen. Wir, als Mitglieder einer Gesellschaft, können nicht einfach gehen. Wir können uns natürlich tragische Fälle wie Selbstmord vorstellen, oder dass man gezwungen ist, ein Flüchtling zu werden. Aber im letzteren Fall würden wir immer noch an einem Spiel in einem anderen Teil der Welt mit ähnlichen kollektiven Kreationen teilnehmen. Aber normalerweise können wir die soziale Welt nicht einfach verlassen. Wenn wir sagen würden, dass die Königin nicht mehr die Königin ist oder dass die Papierstücke nicht mehr Geld sind, würden wir als sonderbar und vielleicht als verrückt angesehen werden. Vielleicht ist das der Grund, warum so viele von uns diese soziale Welt für selbstverständlich halten und ihre Grenzen als ähnlich wie die Grenzen in der natürlichen Welt betrachten. Aber wir könnten kollektiv beschließen, Papierstücke nicht mehr als Geld zu zählen und – presto! – das Papier würde aufhören, Geld zu sein. Genauso wie wir kollektiv in einem Referendum beschließen könnten, dass das Vereinigte Königreich aufgelöst werden soll.

Mit anderen Worten: Wir haben die kollektive Freiheit, die soziale Welt, die wir geschaffen haben, zu verlassen und eine andere soziale Welt zu bilden. Oder aus einigen Teile der sozialen Welt zu verlassen, wie zum Beispiel die bestehenden Regeln des Marktes, und andere Regeln und damit einen anderen Markt zu schaffen. Kurz gesagt, aus der Perspektive des Individuums ist die sozial geschaffene Welt gegeben, feststehend und selbstverständlich, aber kollektiv ist sie zerbrechlich und jederzeit veränderbar.

Die soziale Konstruktion der Wirklichkeit

1969, eine Weile bevor er Premierminister wurde, war Olof Palme Schwedens Verkehrsminister. Es war das Jahr, in dem Neil Armstrong auf dem Mond landete, und Palme beschloss, dass es an der Zeit war, dass die schwedischen Autofahrer auf der rechten Straßenseite fahren, wie die meisten anderen in Europa (wenn auch nicht in ganz Europa). Das wurde nach viel Planung und dem Umstellen von Straßenschildern in einer Nacht, am 3. September, umgesetzt. Die Straßenbahnen wurden stillgelegt, und alte Busse wurden durch Flotten neuer Busse ersetzt, die mit den Türen auf der anderen Seite gekauft worden waren (die alten wurden nach Pakistan und Kenia verkauft). Die Menschen fuhren an diesem Tag besonders vorsichtig, und die Zahl der Verkehrsunfälle ging zurück.

Palmes Wechsel wurde als „Dagen H“ bekannt; „R-Tag“ wäre die deutsche Entsprechung (R für rechts). Hätte es 70 Jahre früher stattgefunden, wäre es einfacher gewesen. Damals, im Jahr 1899, begegnete ein Autofahrer auf jeder Fahrt nur wenigen anderen Reisenden, und es spielte kaum eine Rolle, ob sie rechts oder links fuhren. Mit der Zeit kamen immer mehr Straßen und immer mehr Autos hinzu, und es war wichtig geworden, unmissverständlich zu wissen, auf welcher Seite man fahren musste. Unsere Verkehrsregeln regelten dieses Verhalten. 1969 war die Umstellung auf den Rechtsverkehr zu einem großen Projekt geworden, das aber immer noch buchstäblich über Nacht umgesetzt werden konnte.

So wie sich vor 1969 die Straßenseite, auf der wir fahren, im Laufe der Zeit mehr oder weniger ad hoc herausgebildet hat, so haben sich auch Unternehmen, Eigentumsrechte und andere Grundlagen des Marktes auf diese Weise entwickelt. So sind wir zu den Regeln gekommen, die wir haben, um den Markt zu regeln. Es waren Berger und Luckmann, die mir geholfen haben, dies zu verstehen.

Ich las ihr Werk *The Social Construction of Reality*[39] zum ersten Mal nach dem Schock des Dotcom-Blase, als sich viele von uns zu fragen begannen, warum die Wirtschaftstheoretiker so unfähig zu sein schienen, die tatsächliche Funktionsweise des Marktes zu verstehen. Diese gigantischen Kräfte bewegten die Preise in die eine oder andere Richtung, schufen und zerstörten Vermögen, doch die konventionellen Ökonomen schienen nicht annähernd zu begreifen, was da vor sich ging. Wie viele andere, die in den Markt involviert waren, begann ich, breiter zu denken und zu lesen, um zu sehen, ob ich ihn besser verstehen konnte.

Insbesondere beschäftigte ich mich wieder mehr mit Soziologie und las Marx, Durkheim und Weber sowie den anderen Gründervater der

Soziologie, Georg Simmel. Er war der bahnbrechende Denker in der Soziologie des Geldes – und er ließ mich erkennen, dass ich einen soziologischen Blick auf die Märkte werfen musste. Ich las diese Denker aus Interesse und aus Neugierde, aber dann stieß ich auf Peter Berger, und Berger lieferte einen Schlüssel, um das Geheimnis zu lüften, wie die Märkte geformt wurden.

Berger ist gebürtiger Österreicher, eingebürgerter Amerikaner und Soziologe. Mit seinem Kollegen Thomas Luckmann schrieb er bereits 1966 *The Social Construction of Reality*, einen der bahnbrechenden Texte in der Entwicklung dessen, was man im weitesten Sinne als postmodernes Denken bezeichnen kann, obwohl er ein scharfer Kritiker extremerer Formen des Relativismus geblieben ist. Er schrieb später, dass es seine Erfahrung als Wehrpflichtiger in der U.S. Army war, die ihm die ersten Hinweise auf multiple Perspektiven gab, besonders nachdem er Sozialarbeiter in der Armee geworden war.[40] Dies ist, was er und Luckmann schrieben:

> *„Die Gesellschaft ist ein Produkt menschlichen Handelns, während gleichzeitig die Gesellschaft von uns als objektive Realität wahrgenommen wird. Die Menschen verinnerlichen bestimmte Gewohnheiten, und diese Menschen reproduzieren dann die Gesellschaft und garantieren damit ihren Fortbestand. Lassen Sie uns untersuchen, wie das alles begann ...“*

Die Lektüre von Soziologen – der Verliererseite des *Methodenstreits* – und nicht der Ökonomen, verschaffte mir ein tieferes Verständnis für das, was auf den Märkten vor sich ging. Klassische Soziologen halfen mir, tiefer darüber nachzudenken, was Geld ist und worum es auf dem Markt wirklich geht, und vor allem, wie es dazu kam, die Form anzunehmen, die es hat. Es war auch die Lektüre der klassischen Soziologen, die mich erkennen ließ, dass wir den Markt verändern können. Aber es waren Berger und Luckmann, die mir den Hinweis gaben, den ich brauchte. Ihr Denken lässt sich nicht nur darauf anwenden, wie die Gesellschaft den Markt formt, sondern auch darauf, wie Investmentbanken den Markt noch stärker von innen heraus gestalten. Es erklärte, wie die großen Banken, von Goldman Sachs bis zur Citibank, ihren politischen Einfluss nutzen, um den Markt zu ihrem Vorteil zu gestalten. Es war auch zu meinem Vorteil, da ich damals eine Schweizer Bank leitete, aber ich war erstaunt, dass die Gesetzgeber nicht sahen, wie der Lobbyismus das gesamte Marktsystem beeinflusste – entweder weil sie wirklich nicht in der Lage waren, es zu sehen, oder weil sie mit Wahlkampfspenden dafür bezahlt wurden, es nicht zu sehen.

Ein ähnliches Phänomen spielte sich in der Lebensmittel- und Pharmaindustrie und vielen anderen Industrien ab. Während der größte Teil der Gesellschaft sich einbildete, der Markt sei ungehindert, waren hier diese Insider, die ihn aktiv gestalteten.

Zu dieser Zeit gab es einen konzertierten Versuch, den Markt durch ein Überdenken des Urheberrechts zu gestalten. Nach der Dotcom-Pleite gab es eine lange Debatte darüber, ob es zum Beispiel Urheberrechte im Internet geben sollte. Mir war damals klar, dass eine völlige Abschaffung des Urheberrechts die Internet-Wirtschaft getötet hätte, aber andererseits hilft es auch nicht viel, Mickey Mouse einen 75-jährigen Urheberrechtsschutz zu geben. Das hätte eigentlich jedem klar sein müssen. Es war schon den Gesetzgebern klar, die die Idee des Urheberrechts am Ende des siebzehnten Jahrhunderts geprägt haben – aber der Mythos des Marktes hat die Menschen verwirrt und sie für die wirklichen Probleme blind gemacht.

Als die Pioniere des geistigen Eigentums die Idee erstmals einführten, wussten sie genau, dass es sich um eine pragmatische Innovation handelte. Sie wussten, dass Urheberrechte so kurz wie möglich sein und sicherstellen sollten, dass neue Ideen so schnell wie möglich in die *Public Domain* gelangen würden, um Innovationen zu fördern, aber dennoch gute Anreize für Innovationen zu geben.

Die Erkenntnisse von Berger und Luckmann waren wichtig, aber sie waren nicht völlig neu. Emile Durkheim, einer der Gründerväter der Soziologie (zusammen mit Marx, Weber und Simmel) bezeichnete einige Tatsachen als soziale Tatsachen und diskutierte deren Existenz. Auch der Philosoph Karl Popper wies auf den fundamentalen Unterschied zwischen Gesellschaft und Natur hin, also zwischen sozialen

Tatsachen wie Geld und nackten Tatsachen wie Straßenschluchten. Aber Berger und Luckmann erklärten, wie die Menschen darüber in Verwirrung geraten – sie erschaffen kollektiv die Welt, glauben aber, dass das, was sie erschaffen, eine Art objektive Realität ist.

Menschen sind in der Lage, frei zwischen Optionen zu wählen. Wir haben mehr Spielraum für bewusstes Handeln als Tiere, die mehr von ihren Instinkten getrieben sind. Aber um ein wenig Energie zu sparen, neigen unsere Handlungen dazu, zu Gewohnheiten zu werden.

Gewohnheiten ermöglichen, dass wir unsere Aufmerksamkeit und Entscheidungsfindung für wichtigere Entscheidungen und Innovationen zuwenden können. So wiederholen wir manche Handlungen immer wieder, und wir geben die Verantwortung für manche Entscheidungen an Spezialisten ab. In der Tat war die Spezialisierung von Funktionen entscheidend für die Entwicklung der Zivilisation.

Unsere Gewohnheiten, oder Bräuche, machen auch soziale Interaktionen einfacher und vorhersehbarer. Wir winken, um uns zu verabschieden, klatschen, um unsere Wertschätzung in der Öffentlichkeit zu zeigen, und denken nicht darüber nach. Berger und Luckmann argumentierten, dass einige Gewohnheiten externalisiert werden: Gewohnheiten werden von anderen Menschen übernommen, und das ist es, was die soziale Ordnung formt. Es schafft die stabile Umgebung, die wir brauchen, um Geschäfte zu machen und Kinder zu erziehen. Es bedeutet, dass wir die Art von Gesellschaft schaffen können, die wir brauchen, um überleben zu können. Ein sehr interessantes Experiment, das dies veranschaulicht, können Sie auf YouTube sehen, wenn Sie nach „5 Affen Experiment“ suchen.

Diese Gewohnheiten, die externalisiert und auf neue Gruppen übertragen wurden, werden von Berger und Luckmann als Institutionen bezeichnet. Wir neigen dazu, sie für selbstverständlich zu halten. Unsere Eltern erklären sie uns, wenn wir jung sind. Sie sagen uns, was es bedeutet, gut, schlecht, arm oder reich zu sein, und wie man mit Geld – oder auch mit Toilettenpapier – umgeht. Wir werden in diese Institutionen hineingeboren. Als Gesellschaft formen wir sie, aber als Individuen erleben wir sie als objektive Realität, auch wenn sie in dieser Form nicht ganz real sind Sinne. Wir reproduzieren diese Welt ständig, Tag für Tag, von Generation zu Generation, ohne uns dessen bewusst zu sein, und oft ohne zu erkennen, dass es Möglichkeiten gibt, anders zu handeln. Wenn uns eine Bank Geld leiht, wissen wir, dass wir es zurückzahlen müssen.

Es gibt Regeln dafür, genauso wie es Regeln für Urheberrechte und Unternehmen gibt (siehe Kapitel 4). Wir verstehen vielleicht nicht alle Regeln, aber wir nehmen sie trotzdem als selbstverständlich hin. Wir haben diese Institutionen verinnerlicht.

***

Folgt man Berger und Luckmann werden wir erst durch diesen Prozess der Internalisierung zu sozialen Wesen, die andere Menschen und unsere gemeinsame soziale Welt verstehen können. Die neuen Generationen erben viele der Gewohnheiten ihrer Eltern, ohne etwas über deren Geschichte zu wissen. Als Kinder lernen wir, dass man sich im Allgemeinen so verhalten sollte.

Es ist ein langsamer und allmählicher Prozess. Am Anfang hat eine neue Institution eine gewisse Verspieltheit an sich. Ihre Regeln scheinen leicht veränderbar zu sein. Wir können uns noch daran erinnern, warum wir diese verschiedenen Routinen aufgestellt haben und verstehen die kleine Welt oder den Kontext, den wir geschaffen haben. Aber sobald wir unsere Schöpfung an neue Generationen weitergeben, ändert sich all das. Für die Kinder ist diese soziale Welt, die ihre Eltern ihnen beibringen, nicht ganz durchschaubar. Sie verinnerlichen die Gewohnheiten, als wären sie ein Teil des Gefüges der Welt. Kinder erleben die soziale Welt als gegeben, wie die Natur.

Ältere Institutionen scheinen viel schwieriger zu verändern sein. Die Menschen haben ihre Geschichte vergessen, und die Menschen um sie herum nehmen die Institutionen als selbstverständlich hin. Sie sind zu festen sozialen Realitäten geworden. Kein Wunder, dass sich der Markt wie ein Teil der natürlichen Welt anfühlt.

Dies hat zwei sehr wichtige Implikationen. Erstens: Wenn man eine Institution verstehen will, muss man den historischen Prozess verstehen, der sie hervorgebracht hat. Zweitens ist Gewohnheit leichter vorherzusagen und zu kontrollieren als die Handlungen, die Menschen ohne Gewohnheit ausführen, so dass man weniger Kontrolle durch Regierungen benötigt, sobald die Menschen eine gewohnheitsmäßige Institution haben.

Berger und Luckmann stellen eine Theorie über diesen Prozess auf, der ja die Art und Weise ist, wie wir unsere Welt konstruieren. Sie nennen ihn *Legitimation*. Dies ist der Prozess, der unsere Institutionen rechtfertigt und bewahrt und sie fixiert. In diesem Stadium wird der historische und biografische Zusammenhang unterbrochen. Die Menschen vergessen, wie die Institution zustande gekommen ist. Wer erinnert sich jetzt noch daran, warum wir Mittsommer oder Halloween feiern oder warum von uns erwartet wird, dass wir unserem Gastgeber ein Geschenk zum Abendessen mitbringen? Legitimation lässt die Institutionen vernünftig und zugänglich erscheinen, und dies wird durch Gesetze, Moral und soziale Normen verstärkt.

Dieser Prozess hat weitere relevante Eigenschaften. Er erklärt Institutionen, indem er die verschiedenen Rollen verdeutlicht, wie die eines Elternteils oder eines Arztes oder eines Bankiers. Es gibt den Menschen Titel. Er *rechtfertigt* auch, indem er uns sagt, wie wir uns verhalten sollen – von Kindern wird nicht erwartet, dass sie ihren Eltern Vorschriften machen; von Sekretärinnen, die während einer Vorstandssitzung Notizen machen, wird nicht erwartet, dass sie Bedenken gegen die Entscheidungen des Vorstands äußern. Auf diese Weise ist unsere komplexe Welt von den Generationen vor uns geprägt worden. Auf diese Weise sind auch Institutionen wie der Markt geformt worden.

Die Regeln des Spiels

Gehen wir nun zurück zu Starbucks und in der Zeit zurück. Nur einen Block entfernt, am Morgen des 26. Oktober 1863, trafen sich die Fußballmanager aus der ganzen Nation zum ersten Mal in der Freemasons Tavern in der Great Queen Street. Es war ein entscheidender Moment in der Geschichte – Lincoln war mit der Ausarbeitung des Gettysburg Address beschäftigt, das Internationale Rote

Kreuz wurde in Genf gegründet und die allerersten Pendler wagten eine Fahrt mit der brandneuen Londoner U-Bahn, die im Januar eröffnet worden war. In den folgenden Wochen vor Weihnachten und gleich um die Ecke des berühmten Theatre Royal Drury Lane traf sich dieselbe Gruppe von Menschen mehrmals am selben Ort, um die Football Association zu gründen und die Spielregeln auszuarbeiten.

Beim letzten Treffen stürmte der Mann, der sich bereit erklärt hatte, Schatzmeister zu sein, hinaus und nahm seinen Verein (Blackheath) mit, weil zwei Regelentwürfe zurückgezogen worden waren. Diese Regeln stellten sich als ziemlich entscheidend heraus – eine hätte es Spielern erlaubt, zu laufen, während sie den Ball halten, und die andere hätte es Spielern erlaubt, einen Gegner mit dem Ball zu stören, was bedeutete, ihn halten zu können oder zum stolpern zu bringen. Tatsächlich wurden bei den Treffen in der Freemasons Tavern Regeln aufgestellt, die einen Beitritt der Rugbyvereine zum neuen Verband verhinderten. Die Rugbyvereine brauchten ihre eigenen Verband und gründeten 1871 die Rugby Football Union mit einem anderen Regelwerk.

Die Regeln des Fußballs wurden seitdem ein paar Mal geändert. Aber obwohl wir glauben, dass diese Regeln von Gott auf Steintafeln überliefert wurden, wissen wir, dass sie in Wirklichkeit von uns zu einer bestimmten Zeit, an einem bestimmten Ort und von bestimmten Menschen geschrieben wurden. Die Regeln wurden entwickelt, damit das Spiel effektiv und fair funktioniert.

Nun, aus irgendeinem Grund betrachten wir den Markt nicht auf diese Weise. Aber vielleicht sollten wir das. Ein Markt ohne Regeln ist wie ein Fußballspiel ohne Regeln – wie es bis zu einem gewissen Grad im mittelalterlichen England geschah, als ganze Dörfer gegeneinander kämpften, um einen Ball an einen bestimmten Ort zu bringen. Aber selbst im mittelalterlichen Fußballspiel gab es vereinbarte Grundprinzipien, Grenzen und Ergebnisse, die den Sieger krönen würden. So wie es kein Fußballspiel ohne ein vereinbartes Regelwerk gibt, kann es auch keinen Markt ohne definierte Regeln geben. Die Wahrheit ist, dass wir die Regeln des Marktes die ganze Zeit machen und neu gestalten. Manchmal lassen wir uns von der ganzen Rhetorik über freie Märkte blenden und vergessen, dass das, was sie „frei“ macht, paradoxerweise eine Reihe von vereinbarten Grenzen, Zielen und rechtlichen Rahmenbedingungen sind.

Wenn wir Tennis oder Fußball unter etwas anderen Regeln spielen würden, würde das beeinflussen, was es braucht, um sich im Spiel hervorzutun, und damit darauf, wer die neuen Gewinner wären. Wenn wir den Markt nach anderen Grundregeln spielen, wird dies die Art und Weise beeinflussen, wie der Wohlstand auf dem Markt verteilt wird. Der Punkt ist, dass es eine Vielzahl von verschiedenen Möglichkeiten gibt, wie wir unsere Märkte gestalten können, und wir müssen sehen, wie sie ursprünglich beschlossen wurden – und herausfinden, was den Bedürfnissen einer neuen Generation besser entsprechen würde. Die Regeln sind keine heilige Schrift, und zu glauben, sie seien dauerhaft, kann uns machtlos machen, die Zukunft zu gestalten. Wie wir gesehen haben, ist der „freie Markt“ ein Satz von Regeln darüber:

- Was kann besessen und gehandelt werden? Das menschliche Genom? Menschen? Nukleares Material? Babys? Wähler-Stimmen? Ideen? Patente? Oder wie wäre es mit Sex, Schusswaffen oder Rauschgift?

- Die Bedingungen, unter denen sie gehandelt werden können. Gibt es gleichen Zugang zum Internet? Gibt es Gewerkschaften? Gibt es eine Interessenvertretung? Wie sieht es mit Konzernmonopolen aus? Wie lang ist die Dauer des Patentschutzes?

- Unter welchen Bedingungen können sie gehandelt werden? Darf mit giftigen Medikamenten gehandelt werden? Mit unsicheren Lebensmitteln? Sind betrügerische Schneeballsysteme akzeptabel? Nicht versicherte Derivate? Gefährliche Arbeitsplätze?

- Die Trennung zwischen dem, was privat und was öffentlich ist. Polizei? Straßen? Saubere Luft und sauberes Wasser? Gesundheitsversorgung? Gute Schulen? Parks und Spielplätze?

- Wie wir für die Institutionen bezahlen, die den Markt stützen. Steuern? Benutzungsgebühren? Individuelle Preisgestaltung?

Und so weiter. Diese Regeln gibt es in der Natur nicht. Sie sind menschliche Schöpfungen. Regierungen greifen nicht einfach in freie Märkte ein, sie schaffen die Grundlagen dafür, so wie es die Dachverbände des Fußballs oder des Tennissports tun. Freie Märkte sind nicht frei von Regeln; die Regeln definieren sie sogar. Die Regeln *sind* der Markt, so wie die Regeln des Fußballs das Spiel *sind.* Genauso ist es beim Schach. Schach ist nicht wirklich das Brett und die Figuren, genauso wenig wie Fußball der Ball selbst ist – Schach *sind* die Regeln. Wenn wir ein Fußballfeld betreten, haben wir die Regeln des Fußballs bereits akzeptiert, und so ist es auch mit dem Markt.

Nicht alle Regeln sind gleich

Um nun ein wenig mehr Klarheit zu bekommen, müssen wir verstehen, dass nicht alle diese Regeln, über die wir gesprochen haben, von der gleichen Art sind. Sie haben unterschiedliche Funktionen. Das Gleiche gilt für die Regeln auf dem Markt und damit sind wir beim Kern der Verwirrungen um „regulierte“ und „freie“ Märkte. Der Philosoph, der dies am deutlichsten begriffen hat, war John Searls[41], vielleicht einer der prominentesten Namen der zeitgenössischen Philosophie.

Zunächst einige Definitionen. Stellen Sie sich vor, Sie fahren zur Bank, um eine Einzahlung zu tätigen. Dort angekommen, tippen Sie auf einen Bildschirm und erhalten eine Warteschlangennummer, und dann müssen Sie in der Schlange stehen und warten, bis Sie an der Reihe sind. Der Bankangestellte begrüßt Sie und Sie müssen einen Ausweis vorzeigen, aus dem hervorgeht, dass Sie deutscher Staatsbürger sind. Sie übergeben Ihr Geld und erhalten eine Quittung über die Einzahlung auf Ihr Bankkonto. Vielleicht besprechen Sie auch die Schulden, die Sie für den Kauf eines Grundstücks gemacht haben.

Schauen wir uns diese Interaktion nun etwas genauer an. Philosophen haben begonnen, einige dieser Fakten als *institutionelle Fakten* zu bezeichnen, weil sie Institutionen benötigen, um wahr zu sein.[42] Die Tatsache, dass Sie ein deutscher Staatsbürger sind, dass Sie Geld bei der Bank eingezahlt haben und dass die Person, die Sie begrüßt, ein Bankangestellter ist, sind institutionelle Fakten. Sie sind nur wahr, weil es die Nation gibt und die Bank und eine bestimmte Art von Geld auch. Es gibt eine wachsende Literatur innerhalb der Philosophie und ein brandneues Feld namens *Sozialontologie*, das sich mit dieser Art von sozial konstruierten Fakten beschäftigt.

Der Philosoph John Searle hat eine Theorie der institutionellen Fakten entworfen, die uns helfen kann, dieses alltägliche Beispiel und die Art und Weise, wie der Markt funktioniert, zu verstehen. Searle glaubt, dass es mindestens zwei Arten von Fakten gibt:

- *Harte Fakten*, die keiner Institution bedürfen. Sie sind wahr, wo immer sie sind. Beispiele: die Sonne, Wasser und Gravitation.

- *Institutionelle Fakten* (eine Unterklasse von Searles *sozialen Fakten*), die Institutionen und kollektive Übereinkunft benötigen, um wahr zu werden. Beispiele: Nationen, Ehe und Marktkräfte.

Es sind institutionelle Fakten, über die wir hier sprechen – eine Aussage wie „Ich bin deutscher Staatsbürger“ oder „Ich bin Kunde der Sparkasse“ erfordert die Existenz dieser Institutionen. Aber Searle geht noch weiter. In seinem Buch *Speech Acts*, seinem klassischen Werk der Sprachphilosophie, argumentiert er, dass es zwei Arten von Regeln gibt: regulative und konstitutive Regeln. *Regulative Regeln* bestimmen eine bereits existierende Aktivität, eine Aktivität, deren Existenz logisch unabhängig von den Regeln ist. *Konstitutive Regeln* bestimmen (und regulieren auch) eine Aktivität, deren Existenz logisch von den Regeln abhängig ist.[43]

Die Regel, dass man auf der linken Straßenseite fahren soll, ist eine regulative Regel. Sie können fahren, wo Sie wollen, ohne dass es eine Regel gibt, und andere Menschen könnten das auch, aber es wäre sehr gefährlich. Man kann ja auch fahren, ohne dass es eine Regel darüber gibt, auf welcher Seite der Straße man fahren soll.

Aber hier ist der Unterschied. Sie könnten nicht Schach oder Fußball spielen, ohne nach den *konstitutiven Regeln* von Schach oder Fußball zu handeln. Konstitutive Regeln machen neue Aktivitäten möglich, und wenn sie einmal möglich sind, können diese Aktivitäten ohne die Regeln nicht mehr existieren. Die Tatsache, dass die Person in der Bank ein *Angestellter* ist und dass man *Geld* auf das Bankkonto einzahlt, könnte ohne die konstitutiven Regeln der Anstellung und des Geldes nicht geschehen.

In seinem Buch *The Construction of Social Reality* (mit ähnlichem Titel, aber nicht zu verwechseln mit dem von Berger und Luckmann) argumentiert Searle weiter, dass eine Institution ein System von konstitutiven Regeln ist. Unsere Institutionen sind die Gesamtsumme ihrer Regeln.

Nun, hier ist der Punkt über den Markt: Ein freier Markt, der irgendwie natürlich existiert, und zwar ohne Einmischung von Menschen oder Regierung, ist eigentlich gar nicht möglich, denn das würde bedeuten, dass es keine konstitutiven Regeln gäbe. Kein Eigentum, keine Körperschaften, kein Geld ist gleichbedeutend mit keinem Markt.

Wenn Politiker also sagen, sie wollen weniger staatliche Eingriffe, müssen sie eigentlich weniger *regulative Regeln* meinen. Wenn die Tea-Party-Aktivisten oder jeder andere, der weniger konstitutive Regeln will, weniger staatliche Eingriffe dieser Art fordern – die Art von Regeln, die einen Markt einrahmen und ihn möglich machen – dann würde der Markt aufhören zu existieren.

Dies ist wichtig. Nehmen wir den Immobilienmarkt als Beispiel. Der Immobilienmarkt besteht nicht nur aus dem Grundstück, ein paar Holzbrettern und ein wenig Zement. Er besteht aus vielen konstituierenden Regeln und regulierenden Regeln. Es gibt Hypothekenverfahren, Grundbucheintragungen, amtliche Eintragungen und vieles mehr. Es gibt auch regulierende Regeln: Bis 2010 musste man in Schweden eine Genehmigung einholen, wenn man ein Mietobjekt kaufen wollte. Es gibt in Schweden immer noch eine Mietverordnung, die festlegt, wie viel Miete Sie für Wohnimmobilien maximal verlangen dürfen. Der Immobilienmarkt würde auch ohne diese Regeln existieren, also sind sie per Definition regulierende Regeln.

Der Punkt ist wiederum, dass der Markt in seinem Kern ein Satz von *konstitutiven Regeln* ist. Und diese Regeln formen das Ergebnis des Marktes. Alle Märkte haben interne Regelsysteme, die notwendig sind, damit wir überhaupt von einem Markt sprechen können. Dann gibt es externe Regelungen, *regulative Regeln*, die bestimmen, was der Markt tun kann und was nicht. Jeder Markt ist eine Kombination aus internen Regeln, die durch externe Kontrollen ergänzt werden. Sowohl die internen Regeln als auch die externen Regelungen sind Teil der sozial konstruierten Realität und hängen von Entscheidungen ab, die von der Gesellschaft und ihren Politikern getroffen werden.

***

Wenn man es einmal so betrachtet, werden auch sehr komplizierte Aspekte des Marktes klar. Angenommen, ich gehe in eine Buchhandlung und kaufe ein Buch. Ich bezahle und gehe mit dem Gedanken, dass es mir rechtmäßig gehört. Tatsächlich besitze ich es natürlich nicht ganz. Ich besitze den Inhalt des Buches nicht. Der urheberrechtlich geschützte Inhalt gehört dem Verlag oder dem Autor (oder manchmal den Enkeln des Autors). Auch der Autor besitzt es nicht wirklich vollständig. Der Autor hat einen gegenseitigen Eigentumsvertrag mit dem Verlag, was bedeutet, dass auch er es nicht einfach ändern kann. In diesem Sinne ist es nicht mehr wirklich der Text des Autors.

Als ich für das Buch bezahlt habe, habe ich nur das Recht erworben, ein Exemplar in meinem Regal zu haben und es zu lesen. Ich kann es nicht kopieren. Aber nichts von alledem impliziert, dass der Markt nicht frei ist. Wie würde ein völlig „freier“ Markt in der Literatur aussehen? Ich bin mir nicht sicher, ob er möglich wäre.

Dann gibt es noch den Immobilienmarkt. Wenn ich ein Mietobjekt in Kungsholmen in Stockholm kaufe, könnte ich denken, dass es mir gehört und dass es „meins“ ist. Aber in diesem Fall kann ich in Schweden nicht einmal selbst in die Immobilie einziehen, wenn alle Wohnungen vermietet sind. Die Mieter, die in ‚meiner‘ Immobilie wohnen, haben das Recht, so lange Mieter zu bleiben, wie sie wollen, vorausgesetzt, sie halten sich ihrerseits an die Regeln des Mietvertrages. In Schweden können sie auch ihre Wohnung mit einer anderen tauschen – in *meinem* Haus. Ich kann keinen Anbau bauen, wenn die Pläne nicht durch Beschluss der politischen Gremien genehmigt sind. Das Eigentum ist mit Formalitäten, Hypotheken und Lasten beladen, die mich und andere durch zusätzliche Rechte und Pflichten kontrollieren, alles sozial konstruiert. Ich kann das Buch wegwerfen, aber ich kann nicht, ohne Erlaubnis, das Haus abreißen, das ich gekauft habe.

Noch einmal: Niemand behauptet, dass dies kein freier Markt ist. Aber wie wäre ein völlig „freier Markt“ im Bereich des Eigentums, ohne konstitutive Regeln, tatsächlich? Wie würde ein völlig „freier Markt“ in der Stadt aussehen? Wäre er überhaupt möglich? Ich glaube nicht.

Was ist mit Handys? Hier wird es wirklich kompliziert. Was bedeutet es zum Beispiel, wenn man ein Handy und einen Vertrag „kauft“? Es gibt Patentpools, Frequenzzuteilungen, physikalische Basisnetze und verschiedene Betreiber. Ihr bester elektronischer Freund ist in Wirklichkeit ein sehr umfangreiches und kompliziertes Gesetzesbuch.

Wenden wir uns einen Moment nochmal den Regeln des Fußballs zu. Was macht meinen Ball, der ins Netz geht, zu einem Tor? Was heißt Abseits? Es gibt Regeln, die das Spiel ausmachen, und ohne diese Regeln wäre es kein Fußball. Genauso ist der freie Markt paradoxerweise auf seine Regeln angewiesen. Wir sind frei, ihn zu nutzen, und nehmen die Chancen zu nutzen, die er uns bietet, weil es diese Regeln gibt. Ich habe eine Investmentbank gegründet und zwanzig Jahre lang geleitet, daher weiß ich, dass der Erfolg auf dem Markt, genau wie im Fußball, davon abhängt, dass man die Regeln kennt, schnell läuft und Tore schießt. Wenn man die Regeln nicht kennt, kann man nicht spielen. Sich einen Markt ohne Regeln vorzustellen, heißt, den Markt ganz wegzudenken.

Es stimmt, dass wir theoretisch alle externen regulierenden Regeln abschaffen könnten (obwohl ich nicht denke, dass wir das versuchen sollten), aber wir können niemals die internen konstituierenden Regeln abschaffen, obwohl wir sie natürlich ändern können, wenn wir es müssen.

***

Als Olof Palme den Verkehr in Schweden umstellte, war das eine ungeheuer komplexe Aufgabe, aber es ging erstaunlich leicht.

Solche ‚Institutionen' zu ändern ist schwierig, aber – je nach Komplexität – möglich. Die Regeln von Kapitalgesellschaften entwickelten sich mehr oder weniger ad hoc und waren von lokalen, längst überholten Kontexten abhängig. Die Regeln entwickelten sich im Einklang mit den Interessen der damaligen Eliten. Während des ersten Jahrhunderts oder so wäre es relativ einfach gewesen, diese Regeln zu ändern - und sie wurden viele Male geändert. Heutzutage kann das schwierig sein.

Und während Links- oder Rechtsverkehr eine rein praktische Angelegenheit ist, haben sowohl die konstitutiven Regeln für Unternehmen als auch die Eigentumsrechte große Auswirkungen darauf, wie der Markt funktioniert, wie unsere Gesellschaft funktioniert und wer die Oberhand gewinnt. Es hat Auswirkungen auf die Art und Weise, wie Ressourcen zugewiesen werden. Aber es ist machbar, und ich schlage in späteren Kapiteln einige Möglichkeiten vor.

***

In diesem Kapitel wurde ein wenig erklärt, wie wir den Markt aufgebaut haben, und zwar so, dass wir ihn heute als selbstverständlich betrachten. Wir müssen nicht akzeptieren, dass die Regeln des Marktes in Stein gemeißelt sind. Wenn wir glauben, dass wir nichts ändern können, dann formt der Markt die Gesellschaft. Wenn wir verstehen – und das sollten wir –, dass die Gesellschaft als selbstorganisierendes System den Markt selbst geformt hat und nicht umgekehrt, dann können wir ihn auch heute noch nach unseren Bedürfnissen formen. Die wichtige Frage, wenn wir diese Regeln gestalten, ist, was sie erreichen sollen. Sie können so gestaltet sein, dass sie die Effizienz maximieren (angesichts der aktuellen Verteilung der Ressourcen), oder das Wachstum (je nachdem, was wir bereit sind zu opfern, um dieses Wachstum zu erreichen), oder die Fairness (je nach unseren Vorstellungen von einer anständigen Gesellschaft). Oder eine Kombination aus allen dreien, denn die drei stehen nicht unbedingt in Konkurrenz zueinander.

Es gibt zum Beispiel Hinweise darauf, dass wir ein schnelleres Wirtschaftswachstum hätten, wenn der Wohlstand breiter verteilt wäre. Die Regeln können sogar so gestaltet sein, dass sie den Reichtum einiger weniger an der Spitze festigen und vergrößern und fast alle anderen vergleichsweise arm und wirtschaftlich unsicher halten. Es gibt einige Leute, die sagen, dass die derzeitigen Regeln genau darauf abzielen.[44] Menschen, die einen freien Markt wollen, haben Recht, wenn sie sagen, dass regulierende Regeln die Effizienz des Marktes verringern können. Aber sie vergessen, dass der Markt ohne konstitutive Regeln einfach nicht existieren würde. Und hier ist der Punkt: Die konstitutiven Regeln des Marktes entscheiden auch darüber, wer die Gewinner und Verlierer in unserer Welt sein werden.

Kapitel 5

Der vorherrschende Markt

„Noch nie haben so viele ungelernte 24-Jährige in so kurzer Zeit so viel Geld verdient wie in diesem Jahrzehnt in New York und London."

Michael Lewis in *Liar's Poker* (1989)

Die letzten Monate des letzten Jahrhunderts waren seltsame Monate in der Finanzwelt. Sie waren besonders seltsam für jeden, der versuchte, das Verhalten des Marktes anhand des akademischen Modells zu verstehen. Für mich und viele andere wie mich waren die Dotcom-Blase in jenen Monaten – bis ins Jahr 2000 hinein – eine erschreckende Offenbarung von Lücke Nr. 2, also der Lücke zwischen der Art und Weise, wie sich der Markt in der Theorie verhalten sollte, und der Art und Weise, wie er sich tatsächlich verhält.

Das Phänomen der Tech-Aktien in den späten 1990er Jahren hatte alle Merkmale einer klassischen Blase: Eine technologische Entwicklung sollte die Wirtschaft komplett umkrempeln, nichts würde mehr so sein wie vorher, und die Zweifler wurden in der Presse lächerlich gemacht. Für einen Moment ließen uns die Befürworter von Tech-Aktien glauben, eine rudimentäre Website wie @Home sei plötzlich so viel wert wie Lockheed Martin oder der Internet-Händler E*Trade so viel wie der Gigant American Airlines. Das winzige AOL (America

Online) übernahm sogar das riesige Medienimperium Time Warner, eine der desaströsesten Fusionen aller Zeiten.

Eine Handvoll überlebte den Crash – Amazon, eBay, Lastminute.com und ein paar andere – aber der Rest wurde hinweggefegt. Die ganze Idee der Investoren, die sich überschlagen, aufdringlichen Möchtegern-Unternehmern in ihren Zwanzigern Geld zu leihen für Geschäftspläne, die in Wirklichkeit keine Möglichkeit hatten, das Geld auch wieder zurückzuzahlen, hielt sich nur wenige Jahre. Die verschiedenen Angebote wurden in den rasenden anonymen Web-Bulletin-Boards der Wall Street und darüber hinaus gehypt. Was auch immer es war, dies war nicht die rationale Arbeitsweise der unsichtbaren Hand.

Seit meiner Zeit an der Universität hatte ich mich für Technik interessiert. Ich hatte durch die Lektüre von Karl Marx gelernt, wie entscheidend die Entwicklung der Technologie für den wirtschaftlichen Wandel war. Ich hatte die Entwicklung des Internets mit Spannung verfolgt. Tatsächlich startete ich den ersten Internet-Publishing-Service in Schweden und setzte dabei auf IBM-Server statt auf die damals allgegenwärtigen Unix-Server. Ich erinnere mich, dass ich 1995 den Vorstandsmanager der schwedischen Börse traf und ihm erzählte, dass sich eine neue globale Technologie abzeichnete, das Internet. Er sagte: „Inter ... was?" Am Ende bauten wir ihnen ihre erste Website.

1999 wurde mir, wie so vielen, klar, dass es sich um eine klassische Blase handelte. Aber es ging weiter und weiter, und ich begann mich zu fragen, ob sie vielleicht gar nicht platzen würde. Also stellte ich eine Gruppe von Unternehmen zusammen und ging zu einer der größeren Banken in Frankfurt und bat sie, mir dabei zu helfen, die neu gebildete Gruppe am Neuen Markt zu listen, der damals die europäische Version der Nasdaq war und die Notierungen für Tech-Start-ups anbot. Zu meinem Erstaunen sagten sie mir, dass meine Firma nicht schnell genug Geld verlieren würde. Die Bewertungen für Dotcoms basierten auf dem, was sie „burn rate" nannten, weil sie die Unternehmen danach bewerteten, wie viel Geld sie jeden Monat verloren.

Eine schnellere burn-rate war nicht so schwer zu arrangieren, und ich bekam eine schriftliche IPO-Bewertung und stimmte zu, die Gruppe mit 200 Millionen Euro an die Börse zu bringen. Das Fax mit dem Angebot kam im Februar 2000, und im März begann der Absturz. Meine Karriere im Bank- und Immobiliengeschäft war geprägt von großem Glück und – ohne eigenes Zutun – sehr gutem Timing. Im Technologiebereich war mein Timing dagegen entsprechend schlecht. Meine Gruppe von IT-Firmen ging zwar nicht in Konkurs, aber ich verlor sehr viel Geld. Die Frankfurter Tech-Bank ging bankrott. Vielleicht hatte ich in gewisser Weise Glück, dass der Börsengang zeitlich nach dem Crash stattfand und nicht davor.

***

Was mich während des Dotcom-Booms faszinierte, war, dass ich den Markt von innen sah, die Abläufe beobachtete und mir zu dieser Zeit die riesige Kluft zwischen der Art und Weise, wie sich der Markt angeblich verhalten sollte, und der wilden, verrückten, emotionalen Art, wie er sich tatsächlich verhielt, bewusst wurde. Der Dotcom-Boom war für viele von uns eine Achterbahnfahrt, ein Wettlauf, um einzusteigen, Gewinn zu machen und wieder auszusteigen, bevor der Crash, von dem viele von uns glaubten, unvermeidlich war.

Damals gab es in der Finanzwelt eine Menge Gier, aber ich denke, man kann sagen, dass ich nie wirklich vom Geld motiviert war. Was mich morgens aus dem Bett getrieben hat, war die Herausforderung. Wenn man in der Physik versteht, wie die Welt tatsächlich funktioniert, schreibt man eine akademische Arbeit und die Leute nicken mit dem Kopf und sagen, dass es plausibel klingt. Wenn man versteht, wie die Welt in der Finanzwelt funktioniert, hat man eine Idee, entwickelt eine Strategie und hat vielleicht ein paar Tage später eine Million Euro verdient (oder auch nicht, natürlich). Was mich antrieb, war die Vorstellung, dass ich die Entwicklung des Marktes verstehen könnte, und das Geld war jedes Mal der „Beweis“, dass ich richtig gelegen hatte.

Was Investmentbanker nicht tun konnten oder wollten, war, sich auf das zu verlassen, was das akademische Modell einem über die Welt erzählte. Auch hier war es eine eher soziologische Betrachtungsweise der Märkte – das Studium ihrer Funktionsweise durch Beobachtung in der realen Welt, anstatt einfach anzunehmen, dass das akademische

Modell mit der Realität übereinstimmt. Es war der *Methodenstreit* (siehe Kapitel 3), der diesen Riss in der Wirtschaftswissenschaft verursacht hatte. Leute wie ich und viele andere Investment Banker wussten instinktiv, auf welcher Seite wir standen: Wir wollten uns den realen Markt ansehen.

Wenn man das tut, versteht man unmittelbar eine Reihe von Elementen. Der reale Markt ist unübersichtlich. Er ist auch nicht fix, denn die Regeln ändern sich ständig. Er ist nicht wie die Gesetze der Physik, die „entdeckt" werden müssen. Der Markt ist ein dynamisches System, in dem der Mensch die ganze Zeit eingreift und die Regeln verändert.

Gleichzeitig veränderte die Beschleunigung der Technologie auch die Welt. Man muss sich nur die Geschwindigkeit ansehen, mit der sich der Markt entwickelt, um skeptisch gegenüber der Idee zu sein, dass diese Kakophonie der Veränderungen, dieser ständige Wandel, jemals so etwas wie einen Stillstand erreichen könnte. Wir erkennen, dass der Markt tatsächlich wie ein sich ständig entwickelndes, dynamisches, komplexes System ist, in dem der Mensch die Rückkopplungskräfte bestimmt – um eine Metapher aus der Physik zu verwenden. Es ist nicht wie ein Gassystem mit der Formel pV=nRT, das schnell ins Gleichgewicht zurückkehrt, wenn man einen der Parameter ändert. Es nähert sich nie auch nur annähernd dem an.

Einige Anmerkungen zur Geschichte des Marktes

Um den realen Markt zu verstehen, muss man verstehen, wie er sich entwickelt hat. Und das bedeutet, Geschichte an sich zu betrachten. Aber Ökonomen haben Schwierigkeiten mit Geschichte, und die Geschichte wurde seit des *Methodenstreits* in den 1880er Jahren chirurgisch aus den Wirtschaftswissenschaften entfernt. Selbst die Disziplin der Wirtschaftsgeschichte wurde weitgehend vom neoklassischen Modell vereinnahmt und versucht, die Geschichte mit diesem Modell als Ausgangspunkt zu erklären. Das Problem ist, dass diese Blindheit gegenüber dem historischen Blickwinkel das Modell verwirrt hat. Es hat dazu geführt, dass die Ökonomen auch blind für die Kluft zwischen dem Modell und dem Markt wurden, wie er tatsächlich ist. Es ist also an der Zeit, dass wir in der Ökonomie wieder einen Sinn für den historischen Prozess entwickeln, um zu sehen, wie sich Märkte entwickelt haben und wie sie sich weiterentwickeln.

Die *konstitutiven Regeln* des Marktes sind genauso unsystematisch und willkürlich entstanden wie z.B. die Regeln der Sprache. Beides sind Regeln von Systemen, die von uns nicht bewusst, sondern durch unsere wechselnden Bedürfnisse und Fähigkeiten geformt werden. Keines von beiden folgt den Gesetzen der Natur und keines kann existieren, wenn wir sie nicht aufrechterhalten. Wenn man sich die Geschichte der Marktregeln genauer ansieht, wird man feststellen, dass sie aus drei Gründen geformt wurden:

- Weil die Regeln effektiv für die Gesellschaft und gut für die Menschen waren (wenn auch nicht unbedingt für alle).
- Weil Änderungen erforderlich waren, um eine Krise oder ein größeres Problem oder einen Stolperstein zu überwinden.
- Weil es im Eigeninteresse einiger weniger mächtiger Menschen lag. Diejenigen, die in der Lage waren, die Regeln zu bestimmen, gestalteten die Märkte zu ihrem eigenen Vorteil.

Monarchen gestalteten Märkte, wenn sie ihre Bürger in Form von Geld anstatt in Naturalien (Hühner oder Getreide) besteuern wollten – das gab den Bürgern Zugang zu Münzen, um die Steuern zu zahlen. Kaufleute formten Märkte, als sie verschiedene neue Unternehmens- und Eigentumsformen erfanden. Regierungen gestalteten Märkte, als sie diese Strukturen in Form von Gesetzen genehmigten und dafür sorgten, dass sie durch Regeln abgesichert waren.

Dieser Ursprung der Märkte liegt in der *Realpolitik* und nicht in den Naturgesetzen. Das impliziert, dass sich der Markt auch anders hätte entwickeln können, und das führt zur dritten Lücke – zwischen *dem Markt, wie er ist, und dem Markt, wie er sein könnte.*

Werfen wir einen Blick auf ein paar Highlights der Wirtschaftsgeschichte. Wussten Sie, dass unser Bankensystem zu einem großen Teil ein Relikt von Goldschmieden ist, die im Dienst von militärisch expandierenden Königen standen? Dass Konzerne, wie wir sie heute kennen, auf historischen Details aus der Kolonialzeit beruhen und bewusst so gestaltet sind, dass sie koloniale Ausbeutungen erleichtern? Oder wussten Sie, dass die Informationstechnologie die Zentralbanken in letzter Zeit sehr viel weniger mächtig gemacht hat? Wussten Sie, dass Eigentum und rechtliche Haftung selbst einer historischen Entwicklung unterworfen sind und dass sie derzeit in verschiedenen Teilen der Welt unterschiedlich aussehen? Wussten Sie, dass Moses vor mehr als dreitausend Jahren einige recht innovative Eigentumsrechte eingeführt hat?

Stellen Sie sich Moses auf dem Gipfel des Berges Sinai vor – wie es im Alten Testament in Levitikus 25 heißt –, wo er das Wort Gottes auf einige Steintafeln niederschreibt, mit einem laufenden Kommentar darüber, was das alles bedeutet. Schauen Sie selbst nach, besonders ab Vers 8, wie er die Idee eines „Jubiläums" für jedes halbe Jahrhundert einführt:

> *„Und du sollst zählen solcher Sabbatjahre sieben, daß sieben Jahre siebenmal gezählt werden, und die Zeit der sieben Sabbatjahre mache neunundvierzig Jahre. Da sollst du die Posaune lassen blasen durch all euer Land am zehnten Tage des siebenten Monats, eben am Tage der Versöhnung. Und ihr sollt das fünfzigste Jahr heiligen und sollt ein Freijahr ausrufen im Lande allen, die darin wohnen; denn es ist euer Halljahr. Da soll ein jeglicher bei euch wieder zu seiner Habe und zu seinem Geschlecht kommen; denn das fünfzigste Jahr ist euer Halljahr. Ihr sollt nicht säen, auch was von selber wächst, nicht ernten, auch was ohne Arbeit wächst im Weinberge, nicht lesen; denn das Halljahr soll unter euch heilig sein. Ihr sollt aber essen, was das Feld trägt. Das ist das Halljahr, da jedermann wieder zu dem Seinen kommen soll."*[45]

Dies ist eine Konstruktion von Eigentum, wie wir es verstehen, Eigentum, das den Besitzer wechseln kann, aber dies ist ein Verständnis von Eigentum, das komplizierter ist als nur dauerhafter Besitz. Dies ist eine Art und Weise, konstitutive Regeln des Eigentums so aufzustellen, dass sie Ungleichheit entmutigen. Moses hat eine Art von Eigentum erfunden, das temporär ist, und das vielleicht zwei Generationen lang andauert. Dann gibt es jedes halbe Jahrhundert ein Zurücksetzen, und das Eigentum geht zurück an die ursprünglichen Clans und Familien. Es ist als ein massives Sabbatjahr konzipiert, in dem alle nach Hause gehen und zum früheren Status quo zurückkehren.

Levitikus fährt fort zu erklären, wie sich dieses System des Eigentums in das Preissystem hinein erstreckt. Die Preise sollten auf der Grundlage der Anzahl der Jahre berechnet werden, die für die Nutzung des Landes bis zum nächsten Zeitpunkt der Rücksetzung bleiben. Es war ein System, das den Menschen Anreize gab, das Land zu verbessern, aber sicherstellte, dass der Kauf und Verkauf von Land nicht zu einem Weg wurde, eine große Ungleichheit über Generationen hinweg zu ermöglichen. Selbst heute beträgt der Investitionshorizont – über den die Unternehmen selten hinausgehen – nur etwa fünf bis zehn Jahre.

Wir können nur mutmaßen, warum das Jubiläumssystem nicht überlebt hat. Vielleicht mochten es die Reichsten nicht. Vielleicht gab es ein bestimmtes Stück Land, das sich als lästige Ausnahme erwies. Was führt dazu, dass einige soziale Innovationen bestehen bleiben und andere verschwinden? Warum befolgen praktizierende Juden auf der ganzen Welt immer noch andere Gebote der Tora buchstabengetreu, lassen aber dieses aus?

Der Punkt jedoch ist, dass dies ein vollkommen logischer Weg war, einen Markt für Land zu schaffen. Levitikus schaffte Anreize, um die Familien einigermaßen gleich zu halten, bietet aber auch Anreize für Menschen, zu investieren und Land zu verbessern.

Faszinierend ist auch, dass Levitikus eine Grundlage für die Schätzung des Wertes von Vermögenswerten auf der Basis ihrer Restlaufzeit festlegt, was mit modernen ökonomischen Theorien dessen übereinstimmt, was wir heute „Kapitalwert“ nennen. Mose scheint ein Gespür für den Marktwert und den gesellschaftlichen Wert gehabt zu haben. Er hätte ein großer visionärer Investmentbanker werden können, wenn ihm in der Wüste nur diese Möglichkeiten offen gestanden hätten. Es ist schade, dass uns etwas von dieser Weisheit verloren gegangen ist.

Es gibt hier so etwas wie einen Widerspruch. Ich habe in diesem Buch immer wieder behauptet, dass die Idee eines Marktes und die damit verbundenen Regeln nie vollständig vom Himmel gefallen sind. Wenn man sich aber die Marktregeln ansieht, von denen behauptet wird, sie seien vom Himmel herabgestiegen, dann waren sie eher dreidimensional, und weniger wie Karikaturen von Marktregeln.

Der Punkt ist, dass es möglich ist, freie Märkte auf unterschiedliche Art und Weise zu gestalten, und das tun wir schon seit mindestens 3.500 Jahren – wahrscheinlich länger. Was Mose tat, tun Unternehmen und Gesetzgeber auch heute noch: Sie gestalten Regeln für den Markt, die wiederum die Beziehungen zwischen den Menschen und die Verteilung des Wohlstands in der Gesellschaft beeinflussen.

Eine kurze Geschichte von Geld und Bankwesen

Schauen wir uns zum Beispiel an, wie sich das Geld selbst entwickelt hat. Wie viel ist zu einem bestimmten Zeitpunkt im Umlauf? Die Menge steigt und fällt, je nach dem System, das verwendet wird, um die Geldmenge zu erhöhen oder zu verringern. In unserem heutigen Geldsystem wird die Geldmenge als zinstragende Schuld geschaffen, hauptsächlich von privaten, profitorientierten Banken, aber auch in einigen Formen von allen Handelsunternehmen, wie wir am Beispiel von Starbucks gesehen haben. Neues Geld wird geschaffen, wenn Banken Kredite an ihre Kunden vergeben. Wie wir sehen werden, ist dies nur eine mögliche Methode, mit der das Geldangebot ausgeweitet werden könnte, aber es ist mittlerweile die dominierende Methode weltweit.

Es ist äußerst nützlich, in der gesamten Wirtschaft eine einheitliche Einheit für die Preisbildung zu haben. In der heutigen Gesellschaft schaffen die Banken Geld, indem sie Kredite vergeben und ihre Bilanzen ausweiten. Wenn eine Bank einen „Kredit“ vergibt, leiht sie sich kein Geld von jemand anderem. Sie fügt einfach einen Buchungseintrag in Form eines Aktivums (der Kredit und das Geld, das ich der Bank schulde) und eines Passivums (eine Einlage, die die Bank mir schuldet) zu ihrer Bilanz hinzu.[46]

In den meisten modernen Finanzsystemen können die Zentralbanken nicht viel tun, um die Kreditexpansion der Banken zu kontrollieren.[47] Alle Banken müssen einen Teil der Zentralbankreserven halten, um ihre Konten am Ende eines bestimmten Handelstages abrechnen zu können, so dass die Zentralbank nicht in der Lage ist, dem Bankensystem ausreichende Reserven zu verweigern. Dies liegt daran, dass die Verbindlichkeiten der Banken (Einlagen) zum Haupttauschmittel in der Wirtschaft geworden sind. Das bedeutet, dass, wenn eine Bank in die Situation käme, nicht genug zu haben, um ihre Verbindlichkeiten zu begleichen, selbst wenn dies nur vorübergehend wäre, dies zu einem Zusammenbruch des Zahlungssystems führen könnte.[48] Das moderne Geldsystem ist in dem Sinne „endogen", dass die Banken zuerst Kredite vergeben und erst später nach den Reserven suchen.[49] Es gibt nicht viele Beschränkungen für die Kreditvergabe der Banken, außer dass die Banken zahlungsfähig bleiben müssen und jeder Kredit profitabel sein muss.

Dies ist ein Problem für das *Modell.* Es bedeutet, dass genau die Maßstäbe, die den Erfolg oder Misserfolg der Märkte beurteilen, von den Banken geschaffen werden, die selbst am Markt beteiligt sind. Die Schöpfung und Verteilung von Geld und Krediten folgt ebenso wenig Naturgesetzen wie die Sprache. In dem Modell wird Geld als das weitgehend neutrale Öl wegtheoretisiert, das den Austausch von Waren und Dienstleistungen schmiert. Es ermöglicht uns, über den „Tauschhandel" hinauszugehen, aber darüber hinaus betrachten Ökonomen es normalerweise nicht als eine Ressource an sich – wie Arbeit oder Land – oder eben als eine, die wirtschaftliche Trends wie Beschäftigung oder Wachstum bestimmt.

Das Modell legt nahe, dass Banken nur Vermittler sind, die die Ersparnisse einer Person in einen Kredit einer anderen Person umwandeln und umgekehrt. In der Praxis sind Banken jedoch viel mehr als das. Tatsächlich sind für Ökonomen wie Schumpeter und

Keynes das Aufkommen von Banken, die in der Lage sind, unabhängig von einem Souverän Geld zu schaffen, das kennzeichnende Merkmal des modernen Kapitalismus.[50] Geldproduzierende Banken ermöglichen es dem Markt, die Produktion oder das Wachstum viel schneller zu steigern, als es jedes Gleichgewichtsmodell erlauben würde.

Aber war es auch „natürlich“? Nein, wir können den Markt nur dann wirklich verstehen, wenn wir verstehen, wie er von uns Menschen so geformt wurde. Die Ursprünge des modernen Geldes und Bankwesens liegen in der Vorherrschaft von Gold und Silber als Tauschmittel und dem Kampf, genug davon zu prägen, um die Wirtschaft zu erweitern oder Krieg zu führen. Das Zusammentreffen dieser Nachfrage mit der damals betrügerischen Praxis des fraktionierten Reserve-Bankwesens im späten achtzehnten Jahrhundert ließ das moderne Bankwesen und Geld entstehen.[51]

Die Ursprünge des modernen Bankwesens

Im mittelalterlichen Europa waren Gold und Silber die Haupttauschmittel. Kaufleute deponierten ihre Münzen bei Goldschmieden, um sie sicher aufzubewahren, und erhielten im Gegenzug „Einzahlungsquittungen“. Bald war es einfacher, die Quittungen direkt als Zahlungsmittel zu verwenden, statt zum Goldschmied zu gehen und die entsprechenden Münzen abzuholen. Die Quittungen des Goldschmieds wurden quasi zum Tauschmittel.

Da es undenkbar schien, dass alle Kunden ihre Einlagen genau zur gleichen Zeit abheben würden, erkannten die Goldschmiede bald, dass sie „neue“ Quittungen an Leute ausgeben konnten, die sich Geld *leihen* wollten. Indem sie für diese Kredite Zinsen verlangten, konnten die Goldschmiede mit sehr geringem Aufwand eine gute und exponentiell wachsende Rendite aus dieser Dienstleistung erzielen.[52] Indem sie dies taten, schufen sie im Grunde neues Geld, und das fraktionierte Reserve-Banking war geboren. Die Goldschmiede mussten nur einen Bruchteil der gesamten Kreditsumme in Form von Edelmetall in ihren Tresoren aufbewahren.[53]

Diese Praxis setzte sich durch, vor allem als der Herrscher die Goldschmiede nutzte, um Geld für Kriege gegen benachbarte europäische Mächte zu beschaffen. Das System wurde durch die Gründung der ersten Zentralbank in Schweden zur Finanzierung des Krieges von Karl X. gegen Dänemark fest etabliert. Dem folgte 1694 die Bank of England, die Wilhelm III. helfen sollte, genügend Kredite aufzunehmen, um die englische Marine nach schweren Niederlagen im langjährigen Krieg mit Frankreich wieder aufzubauen. Die Kreditwürdigkeit des Königs war so gering, dass er Schwierigkeiten hatte, die Mittel aufzubringen, und so wurden die Gründer der Bank of England dazu gebracht, ihm 1,2 Millionen Pfund zu einem Zinssatz von 8 Prozent zu leihen, im Gegenzug dafür, dass sie als einziges Unternehmen mit Teilhaftung das Recht hatte, Banknoten auszugeben.

Andere Goldschmiede-Banken nutzten immer noch das fraktionierte Reserve-Bankwesen und waren anfällig für periodische Vertrauensverluste und „Bank-Anstürme“, wenn Einleger versuchten, ihre Quittungen für das nicht vorhandene Gold einzulösen. Zentralbanken, die in vielen Ländern nach dem Vorbild der Bank of England gegründet wurden, erhielten schließlich das Monopol, Papiergeld (gesetzliches Zahlungsmittel) zu drucken, um zu versuchen, das System zu regulieren und zu stabilisieren. Dieses Monopol wurde für die Bank of England durch den Bank Charter Act von 1844 festgelegt, der verhinderte, dass private Banken ihre eigenen Banknoten ausgeben konnten. Diese Privatbanken konnten aber immer noch Kredite schaffen, indem sie Kunden einen Kredit in Form von Bucheinträgen (Einlagen) gewährten, die dann als Bargeld abgehoben oder per Scheck überwiesen werden konnten.

Dann kam die IT, die sicherlich das Tauschmittel verändert hat – vom Bargeld über Schecks, Debit- und Kreditkarten bis hin zum Internet-Banking – aber auch die relative Macht der verschiedenen Organisationen, die neues Geld ausgeben können. In dem Maße, wie Bargeld an Bedeutung verlor, wuchs die makroökonomische Bedeutung des Bankensystems als wichtigster Schöpfer von neuem Geld in der Wirtschaft.

Heutzutage ist praktisch das gesamte im Umlauf befindliche Geld Geschäftsbankengeld, das auf diese Weise geschaffen wurde – die meisten Schätzungen liegen zwischen 97 und 98 Prozent. Die Hoffnung war, dass die Zentralbank die Menge des Geschäftsbankengeldes durch ihre Diskontierungsbefugnis kontrollieren und als Kreditgeber der letzten Instanz Geld drucken könnte, um jede Bank zu retten, die einem Ansturm ausgesetzt ist, wenn die Einleger das Vertrauen verlieren. Für kurze Zeiträume schien das System stabil zu sein, am offensichtlichsten in den 1950er und 1960er Jahren, als es feste Wechselkurse und strenge nationale und internationale Kreditkontrollen gab.

In dieser Zeit arbeiteten die Zentralbanken eng mit den Regierungen zusammen und waren deutlich weniger „unabhängig" als heute. Außerdem verfolgten sie oft mehrere Ziele, darunter die Maximierung von Wirtschaftswachstum und Beschäftigung sowie die Aufrechterhaltung des Preisniveaus. Erst in den letzten 30 Jahren haben die Zentralbanken diesen breiteren Fokus weitgehend aufgegeben und sich auf Preisstabilität oder Inflation als ihr Hauptziel konzentriert. Der springende Punkt ist, dass durch die geringeren Regulierungsmöglichkeiten der Zentralbanken die Geldmenge, die in der Wirtschaft geschaffen wird – und die Aktivitäten, für die sie geschaffen wird – nun vollständig vom Gewinnstreben der einzelnen Banken abhängt.

Geld hätte sich nicht so entwickeln müssen, wie es sich entwickelt hat. Geld und Bankwesen könnten durch andere Ereignisse geprägt worden sein und sich anders entwickelt haben (siehe Kapitel 7). Es stellt sich die Frage, ob wir mit einer etwas anderen Geschichte vielleicht ganz andere oder alternative freie Märkte gehabt hätten. Es geht nicht darum, dass irgendeine dieser Alternativen verwendet werden *sollte*, sondern dass sie es hätten sein *können*, wenn die Geschichte sie als Lösungen für andere Problem eingesetzt hätte. Das System, in dem der Großteil der Geldmenge als Geschäftsbankkredit geschaffen wird, hatte sehr wenig mit bewusster Gestaltung zu tun. Es wurde nicht eingeführt, weil es das allgemeine Wohl oder die wirtschaftliche Effizienz verbessern könnte. Es war das Ergebnis historischer Zufälle und Machtverhältnisse, insbesondere zwischen den Banken und den herrschenden Mächten, unabhängig davon, ob es sich nun um Monarchen oder gewählte Regierungen handelte.

Das Gleiche gilt nicht nur für Geld, sondern auch für die Dinge, die mit Geld gehandelt werden, insbesondere auf den Finanzmärkten. Aktien, Anleihen und Finanzderivate sind Produkte unserer menschlichen Vorstellungskraft. Wir neigen dazu zu vergessen, dass diese Produkte nicht „real" da draußen sind. Im Gegensatz zu Gold, Öl und Nahrungsmitteln sind sie nur soziale Konstrukte. Aber das hat dennoch große Auswirkungen auf unsere gemeinsame Welt. Es bedeutet, dass wir, wenn wir wollten, diese Produkte so umstrukturieren könnten, dass sie besser für unsere gemeinsamen Ziele funktionieren.

Die zufällige Entwicklung des Marktes

Nicht nur die Art und Weise, wie wir Geld schaffen, ist durch komplexe menschliche Eingriffe entstanden. Das Gleiche gilt für die Eigentumsrechte, die – zumindest so, wie wir sie heute verstehen – aus dem Geist der Aufklärung entstanden sind, um die Bürger vor dem König oder Staat zu schützen.

Als der römisch-katholische König Jakob II. 1688 vom englischen Thron gestürzt und ins Exil geschickt wurde, war das – wie es ein anonymer Bischof damals formulierte – die Ersetzung des göttlichen Rechts der Könige durch das göttliche Recht des Eigentums.[54] Die Macht ging an Finanziers, Produzenten und Grundbesitzer über. Die Zahl der Verbrechen, auf die die Todesstrafe stand, stieg von 50 im Jahr 1689 auf über 200. Die meisten davon waren Verbrechen gegen das Eigentum.

Sogar John Locke, der Philosoph der Aufklärung, der am meisten mit wirtschaftlicher Freiheit in Verbindung gebracht wird, beschwerte sich, dass Menschen ohne Eigentum – die einen Passierschein brauchten, um durch das Land zu reisen – die Ohren abgeschnitten werden sollten, wenn sie Passierscheine gefälscht hatten.[55] „Die armen und gemeinen Leute haben kein Interesse am Gemeinwesen, außer dem Gebrauch des Atems", beschwerte sich der Herzog von Albemarle 1671.[56] Diejenigen, die die Revolution herbeiführten, stimmten ihm zu. Es war, kurz gesagt, ein großer Sprung nach vorn für die Idee des Eigentums, und eine große Privilegierung einer Idee, die über die Jahrhunderte zuvor langsam gewachsen war.

Aber wir müssen verstehen, dass die ganze Idee des Eigentums, wie sie von Locke entwickelt wurde – und er war auf der ganzen Welt sehr einflussreich, nicht zuletzt in Großbritannien und den USA –, dem Landadel einen starken Schutz sowohl gegen die Usurpation durch den König (später durch den Staat ersetzt) als auch gegen die Armen geben sollte. Mit der Entwicklung der Demokratie sollte sich dieser starke Schutz sowohl gegen den demokratischen Staat als auch gegen die Mehrheit seiner Bürger auswirken. Die Interessen des Landadels wurden von den Gemeinschaften übernommen.

Seit dieser Entwicklung der Idee des Eigentums hat sich parallel dazu die Idee des Marktes entwickelt. Was soll man besitzen können? Welche menschlichen Güter sollen als handelbare Waren behandelt werden können? Was können wir besitzen und was bekommen wir von demjenigen, der es nutzen will, bezahlt? Ideen? Luft? Gene? Was uns gehören kann und was uns allen gehört, ist eine der Fragen, die wir in unseren Marktregeln berücksichtigen müssen. Soll alles für Geld verkauft werden können, wenn Menschen es wollen? Sollten wir in der Lage sein, Organe zu kaufen, wenn es willige Verkäufer gibt? Diese Fragen bleiben ungelöst. Die Gestaltung des Marktes wartet auf ihre Lösung.

Der Punkt ist folgender. Wenn der Markt die Summe der historischen Unfälle ist, die ihn geformt haben, dann sollte es – wie wir in Kapitel 6 sehen – möglich sein, andere Arten von Märkten zu konstruieren, die für die Menschen effektiver funktionieren. Und wenn man sich die Elemente und Institutionen ansieht, die den modernen Markt ausmachen – geistiges Eigentum, Grundbesitz, Unternehmen –, dann wird einem klar, dass der freie Markt nicht „entdeckt“ wurde. Er hat sich entwickelt, und zwar so, wie sich Lebewesen entwickeln, in einer symbiotischen Beziehung zu ihrer Umwelt – in diesem Fall zu den Ereignissen, die Veränderungen hervorriefen.

Der Besitz von Land entwickelte sich auch als eine Möglichkeit für die herrschenden Klassen, die Produktivität von Vermögenswerten, ihre Wälder und landwirtschaftlichen Flächen zu konzentrieren. Unterschiedliche Historien führten zu unterschiedlichen Arten von Landbesitz, näher an der Art des Gleichgewichts der Besitzverhältnisse, die im mittelalterlichen Feudalsystem festgelegt wurden, wo die Rechte über die Rechte über das Land zwischen dem Monarchen und den lokalen Landbesitzern geteilt wurden, so dass die Pächter sich an den Monarchen als den obersten Landbesitzer wenden konnten, um Wiedergutmachung zu erhalten.

Korporationen entstanden auf ähnlich zufällige Weise, als Kaufleute eine Unternehmensform von den Römern entlehnten, weil sie vertretbare Rechte über Entdeckungen verleihen mussten – was durch Kolumbus und Cabot nötig wurde.[57] Der Wechsel von den mittelalterlichen Korporationen alten Stils, die dem Staat gegenüber verantwortlich waren, zu den neuen, die innovativ sein konnten, entstand wegen der Notwendigkeit einer Art von beschränkter Haftung – und der Notwendigkeit, Unternehmen im Gegenzug zu regulieren. Unternehmen hätten sich auf andere Weise entwickeln können und taten dies auch in anderen Teilen der Welt – wo gemeinsames Eigentum eher wie Genossenschaften als Unternehmen aussah oder eher wie die ursprünglichen mittelalterlichen „Unternehmen“ mit gemeinsamer Verantwortung.

Die Privatisierung war ursprünglich als eine einmalige Lösung für die Ineffizienzen der verstaatlichten Telefongesellschaft British Telecom gedacht. Erst später wurde sie zu einem internationalen Ansatz zur Wiederbelebung der Wirtschaft und der Unternehmensstrukturen rationalisiert.[58] Das Wort hatte ohnehin eine wechselvolle Geschichte, geprägt als „Reprivatisierung“ durch die Nazipartei in den 1930er Jahren als eine Möglichkeit, Regierungsfunktionen an loyale Parteifunktionäre zu übergeben. Das Wort wurde dann 1969 von dem großen Management-Autor Peter Drucker entlehnt und in gewisser Weise entgiftet.

Was das geistige Eigentum betrifft, so entstand es in den USA nach einer Kampagne amerikanischer Autoren aus den 1850er Jahren, die behaupteten, ihre Urheberrechte lägen im nationalen Interesse. Das geistige Eigentum sei notwendig, damit sich eine Nationalliteratur entwickeln könne und die intellektuelle Entwicklung des jungen Landes beschleunigt werde. Dies veränderte das damalige Verständnis des freien Marktes.

Die ganze Idee des geistigen Eigentums wird nun durch das Internet erneut infrage gestellt. Aufgebaut auf einer grundsätzlich offenen oder frei nutzbaren Plattform, wurde das Internet als eine virtuelle Allmende von Ideen konzipiert, in der niemand in der Lage sein würde, die Kontrolle über andere Nutzer zu übernehmen oder von ihnen zu profitieren. Wem gehören zum Beispiel die Drähte, die Signale, die Daten? Wem gehören die Codes, die Programmiersprachen und die Protokolle? Leute wie Professor Lawrence Lessig meinen, dass es eigentlich genau diese Mehrdeutigkeit, dieser verwirrende Mischmasch, ist, der die Innovation vorantreibt. Es ist die Komplexität und Mehrdeutigkeit der Vorschriften, die Art und Weise, wie sie gebogen werden können, um sich jeder Situation anzupassen, die sie so erfolgreich macht.

Lessig verwendet die Metapher eines Straßensystems, das jedes Fahrzeug jederzeit benutzen und jede beliebige Route nehmen kann. Er vergleicht es dann mit dem Luftfahrtsystem, in dem jedes Fahrzeug sich registrieren lassen und im Voraus eine Genehmigung für seinen kompletten Flugplan einholen muss.[59] Die Implikationen sind ziemlich klar. Wir haben ein Straßennetz, in dem Autofahrer in der Lage sind, die zu benutzende Route zu ändern – auf fast unendliche Weise –, aber Flugzeugpassagiere haben überhaupt keine Wahl über ihre Reise, zumindest wenn sie einmal begonnen hat.

Es könnte also sein, dass die Behörden das Urheberrecht aktualisieren müssen, um es an diese Innovationen anzupassen. Die Unklarheit kann nur so lange bestehen, so lange sie nicht Verwirrung stiftet, oder bis sie diejenigen ernsthaft beeinträchtigt, die über die Mittel verfügen, Lobbyarbeit zu betreiben, um etwas dagegen zu tun. Wenn das passiert, werden ihre Lobbyisten beginnen, den Markt zu formen, so wie es Gem und Perara bei den Tennisregeln und Morley und Freunde bei den Fußballregeln getan haben. Märkte sind nicht die Abwesenheit von Regeln; nur um es zu wiederholen – sie sind die Regeln, die den Handel ermöglichen.

***

Stellen Sie sich nun einen Moment lang vor, die Geschichte des geistigen Eigentums hätte sich anders entwickelt. Vielleicht sollten wir, wie der Wirtschaftswissenschaftler Joseph Stiglitz vorschlägt, anstelle des herkömmlichen geistigen Eigentums eine Art öffentlich finanzierten Preis haben. Stiglitz hatte die Idee eines medizinischen Preisfonds vorgeschlagen, der hohe Prämien an Unternehmen zahlen soll, die Medikamente für Krankheiten herstellen, von denen viele Menschen, insbesondere in Entwicklungsländern, betroffen sind. Er stellte sich vor, dass kleinere Belohnungen für Heilmittel zur Verfügung gestellt werden, die bestehenden Behandlungen ähnlich sind, aber vielleicht weniger Nebenwirkungen haben.[60]

Nehmen wir an, die Behörden hätten sich bei der ursprünglichen Urheberrechtsregelung auf die Seite der Autoren – und nicht auf die der Verleger – gestellt, so dass ihre Bücher nur für begrenzte Zeiträume lizenziert werden konnten. Oder nehmen wir an, die Belohnungen für Innovationen wären gedeckelt worden. In beiden Fällen wären die Regeln anders gewesen, und die Belohnungen wären an andere Leute gegangen. Der Markt wäre immer noch da gewesen, aber er hätte anders funktioniert.

Verschiedene Arten von „freien" Märkten haben unterschiedliche Auswirkungen. Sie haben unterschiedliche Verteilungsmuster, und keiner von ihnen ist in irgendeiner Weise von Natur aus gerecht oder fair, obwohl einige eindeutig fairer sind als andere. Wir müssen in der Lage sein, den Markt, den wir jetzt haben, zu betrachten – nicht als ob er in Stein gemeißelt wäre – sondern als einen von mehreren möglichen Märkten, zwischen denen wir wählen können. Dann können wir die Regeln wieder variieren, um sicherzustellen, dass die Umverteilungseffekte fairer werden.

Mit anderen Worten: So etwas wie einen „natürlichen" Markt gibt es überhaupt nicht. Märkte sind nicht von der Natur geschaffen, genauso wenig wie das Tennisspiel sich durch die Genetik entwickelt hat. Es gibt viele mögliche Versionen des „freien" Marktes, und – natürlich –

noch viel mehr Versionen von verschiedenen regulierten Märkten. Das ist die fundamentale Lücke, die dritte Lücke, die wir gesehen haben – die Lücke zwischen dem Markt, wie er jetzt existiert, und den möglichen Märkten, die wir stattdessen nutzen könnten.

Dies ist eine Lücke, die überhaupt nicht existieren sollte. Es ist nicht schwer zu verstehen, wie die Geschichte und die besonderen Bedürfnisse von Unternehmen, Regierungen und Politikern die Regeln geformt haben, die jetzt den Markt bestimmen. Aber es gibt einige Leute, die das vergessen haben. Hier ist das Credo der amerikanischen politischen Organisation, die als Tea-Party-Bewegung bekannt ist:

> *„Ein freier Markt ist die wirtschaftliche Konsequenz der persönlichen Freiheit. Die Gründer [der USA] glaubten, dass persönliche und wirtschaftliche Freiheit unteilbar sind, so wie wir es auch tun. Die Einmischung unserer derzeitigen Regierung verzerrt den freien Markt und hemmt das Streben nach individueller und wirtschaftlicher Freiheit. Deshalb unterstützen wir die Rückkehr zu den Prinzipien der freien Marktwirtschaft, auf denen diese Nation gegründet wurde, und lehnen staatliche Eingriffe in den Betrieb von Privatunternehmen ab.“*[61]

Wenn ich mit der Definition der Tea Party nicht einverstanden bin, bin ich nicht weniger für das, was wir als „freien Markt“ kennen. Ich bin ein ebenso großer Befürworter der unternehmerischen Freiheit wie sie. Aber ich bin kein Funda- mentalist: Ich glaube, dass die Regeln des Marktes von uns geschrieben wurden, im Laufe der Zeit, und oft aus guten Gründen.

Hätte es auch anders sein können?

Wenn man sich also die Geschichte des Geldes, der Eigentumsrechte oder der Unternehmen anschaut, vertieft sich das Verständnis. Diese Ideen sind nicht völlig geformt entstanden, zusammen mit dem Markt, auf dem sie funktionieren. Sie wurden durch ihr eigenes historisches Umfeld geformt. Einige entwickelten sich über Jahrtausende, andere nur über eine Handvoll Jahrzehnte.

Die Geschichte des Handels und des Geldes zeigt, dass die aktuelle Form der Märkte nicht zwangsläufig war. Tatsächlich haben die verschiedenen Elemente, die einen Markt möglich machen, eine eher willkürliche Geschichte, die von den Orten und Zeiten geprägt ist, in denen sie entstanden sind und sich entwickelt haben.

Dieser Prozess der willkürlichen Entscheidungen über die grundlegenden Bedingungen des Marktes – die konstitutiven Regeln – ist immer noch im Gange. Die Wahrheit ist, dass diese Ideen und Regeln weiterhin, während Sie dieses Buch lesen, durch mächtige Interessen geformt werden.

KAPITEL 6

Eine kopernikanische Revolution in der Wirtschaft

„Und doch bewegt sie sich."

Galileis angebliche Worte an die Inquisition, nachdem er gezwungen worden war, seine Meinung, dass sich die Erde um die Sonne bewegt, zu widerrufen, 1633

Von der Renaissance über die wissenschaftliche Revolution und die Aufklärung bis hin zur Moderne und ihren postmodernen Kritikern können wir ein ähnliches Muster erkennen. Unser Platz im Universum wurde immer weiter an den Rand der Realität selbst gedrängt; wir sind nicht mehr Gottes auserwählte Kinder und nicht mehr der Mittelpunkt der Welt. Gleichzeitig, und das scheint ein seltsames und wunderbares Paradoxon zu sein, erheben wir uns jedes Mal, wenn wir von der Geschichte der Wissenschaft entthront werden, über unser bisheriges Verständnis und werden immer enger in die Mitgestaltung unserer Welt einbezogen.

Ich behaupte, dass die Menschheit von der Unkenntnis der Ökonomie und des Marktes dazu übergegangen ist, sie als ein eigenes System im klassischen Modell zu verstehen, und dass wir erst jetzt entdecken, wie die ökonomische Realität, die wir für selbstverständlich gehalten haben, in Wirklichkeit die ganze Zeit ein Spiegelbild war –

eine Reflexion unseres eigenen Innenlebens, unserer Hoffnungen, Ängste, Ideen und Wünsche. Wenn wir beginnen, die äußere Realität besser zu verstehen, stellen wir seltsamerweise fest, dass wir sie nicht verstehen können, ohne uns selbst als ihre Mitschöpfer zu verstehen. Wenn wir uns bewusst machen, dass wir Menschen – mit all unseren Hoffnungen und Wünschen – im Mittelpunkt unseres Wirtschaftssystems stehen, wird dies ein neues Verständnis unseres sozialen Systems darstellen, das genauso wichtig ist wie die kopernikanische Revolution in unserem Verständnis unseres Planetensystems.

***

Wenn wir die Ungleichheiten und Unsicherheiten, die jetzt unsere Wirtschaft und Demokratie untergraben, reduzieren wollen, sollten wir uns nicht vom Mythos des „freien Marktes" abschrecken lassen. Wir können die Wirtschaft dazu bringen, für uns zu arbeiten, und nicht umgekehrt. Aber um die Regeln zu ändern, müssen wir die Macht ausüben, die uns eigentlich zustehen sollte. Wir müssen die zentrale Wahrheit durchsetzen: *Der Mensch sollte das Zentrum der Welt sein, nicht der Markt.*

Der Mensch (und vielleicht auch andere empfindungsfähige Tiere), nicht der Markt, muss im Zentrum unserer Welt stehen; das wird die „kopernikanische Revolution" der Wirtschaft sein. So wie die Theorien von Kopernikus und die Beobachtungen von Galilei einst unsere Sicht auf die Position der Erde im Universum veränderten, müssen wir nun die Position des Marktes in unserem menschlichen Universum verändern.

Das Paradoxe daran ist, dass die neue kopernikanische Zukunft in gewisser Weise das Gegenteil derjenigen ist, die Kopernikus begonnen hat. Die neue Zukunft bedeutet, dass wir nicht länger um ein fremdes, unerbittliches Marktsystem kreisen müssen, das nur scheinbar natürlich ist. Wir müssen erkennen, dass wir im Zentrum unseres eigenen Universums stehen können. Aber wir müssen seine Regeln so gestalten, dass es so ist.

***

Wir müssen also erkennen, dass wir Menschen uns nicht an die Bedürfnisse und Werte des Marktes anpassen müssen, sondern dass wir eine *systemische Freiheit* haben, das Marktsystem an unsere menschlichen Bedürfnisse und Werte anzupassen. Wir haben diese systemische Freiheit, weil das Marktsystem ein *sozial konstruiertes System* ist. Wir haben diese systemische Freiheit nicht, wenn es um natürliche Systeme wie Ökosysteme geht.

Während unserer Evolution als menschliche Spezies waren wir nur von natürlichen Systemen umgeben. Das ist wahrscheinlich der Grund, warum wir Menschen keine besonderen Gefühle gegenüber der systemischen Freiheit entwickelt haben. In unserer evolutionären Umgebung gab es so etwas nicht. Wenn wir daran gehindert werden, unsere *individuelle Freiheit* auszuüben, werden wir vielleicht frustriert und wütend. Wenn wir daran gehindert werden, unsere *systemische Freiheit* auszuüben, fühlen wir nichts. Wir merken wahrscheinlich nicht einmal, dass wir systemische Freiheit haben. Deshalb muss ich darauf hinweisen.

Systemische Freiheit kann nur durch die politische Instanz ausgeübt werden, die die Parameter des gesellschaftlich konstruierten Systems kontrolliert. In unserer demokratischen Gesellschaft ist dies die Macht des Gesetzgebers. In einer Demokratie erfordert die Ausübung der systemischen Freiheit daher kollektive Überlegungen und *kollektives Handeln.* Leider scheint das kollektive Nachdenken über jedes komplexe Thema in unserer Gesellschaft immer schwieriger zu werden.

Um über unsere systemische Freiheit zu beraten, brauchen wir ein besseres Verständnis dafür, wie wir Menschen und unser Markt funktionieren. Wir müssen uns genauer ansehen, wie sich Menschen tatsächlich verhalten, und hier beginnt die Neurowissenschaft den Ökonomen zu helfen. Wenn wir versuchen, die neuen Erkenntnisse der Hirnforschung in ökonomische Modelle einzubauen, entsteht die Neuroökonomie, eine wichtige Ergänzung zur *Verhaltensökonomie.* Wenn wir gleichzeitig versuchen, auf die neue Physik der Chaos- und

Komplexitätstheorie und die Erkenntnisse der Systemtheorie über die Selbstorganisation komplexer Systeme aufzubauen, erhalten wir die *Komplexitätsökonomie.*

Es gibt auch eine aufstrebende Disziplin in den Wirtschaftswissenschaften, die sich damit beschäftigt, wie menschliche Institutionen den Markt formen. Das ist die *Institutionenökonomie*, die uns hilft, unsere potenzielle Macht, den Markt von innen heraus zu gestalten, zu verstehen. Wir werden nun kurz auf jedes dieser neuen akademischen Felder eingehen.

Verhaltensökonomie

Mehr als ein Jahrhundert lang basierte das Modell der Entscheidungsfindung in der Ökonomie auf rationalen Wirtschaftssubjekten, die als „der wirtschaftliche Mensch" oder mit der lateinischen Abkürzung *homo oeconomicus* bekannt sind und die einfach den erwarteten Nutzen oder das Glück maximieren wollten.

Die Verhaltensökonomie hingegen betrachtet die menschliche Entscheidungsfindung als wesentlich komplexer. Die Verhaltensökonomie befasst sich primär mit den Grenzen der Rationalität von Wirtschaftssubjekten. Verhaltensökonomische Modelle integrieren typischerweise Erkenntnisse aus der Psychologie, den Neurowissenschaften und der mikroökonomischen Theorie. Kurz gesagt, die Verhaltensökonomie versucht, reales, nicht-rationales, wirtschaftliches Verhalten in das Verständnis der tatsächlichen Funktionsweise des Marktes einzubeziehen.

Die Disziplin ist eigentlich erst in den letzten fünf Jahrzehnten entstanden, ursprünglich als eine Art akademische Revolte gegen die Idee des rationalen Wirtschaftsmenschen, die im Wirtschaftsmodell verankert ist. Die Idee geht auf die Dissertation des Ökonomen Herbert Simon aus dem Jahr 1947 zurück, in der er die Formulierung von der „absurden allwissenden Rationalität" des „ökonomischen Menschen" verwendete. Eine Generation später führte Simon den Kampf weiter. Er argumentierte, dass die reale Welt, in der gewöhnliche Menschen ganz gewöhnliche Entscheidungen treffen, unsicher und nicht vorhersehbar ist. Wie wir wissen, müssen sie auch Entscheidungen auf der Grundlage unvollkommener Informationen treffen.[62] Für diese Arbeit erhielt er 1987 den Nobelpreis für Wirtschaftswissenschaften.

Seit diesen berauschenden Anfängen der Verhaltensökonomie hat sich der Chor der Missbilligung über das Modell zu einem Crescendo kritischer Stimmen innerhalb und außerhalb der Wirtschaftswissenschaften entwickelt. Aber die Disziplin steckt noch in den Kinderschuhen. Es ist noch nicht ganz klar, was das für das Modell bedeutet, abgesehen von einer einfachen Wachsamkeit gegenüber der Art und Weise, wie sich Menschen tatsächlich verhalten. Klar ist, dass Menschen oft Entscheidungen treffen, die auf ungefähren Faustregeln und nicht auf strenger Logik basieren. Sie nutzen auch eine Reihe von emotionalen Filtern an, durch die sie wirtschaftliche Entscheidungen treffen.

Die Verhaltensökonomie muss disziplinübergreifend sein. Sie kann als eine Mischung aus neoklassischer Ökonomie (Rational-Choice-Theorie), anderen Sozialwissenschaften und auch reinen Wissenschaften wie Biologie, menschlicher Verhaltensökologie und Neuropsychologie betrachtet werden. Sie ist auch sehr eng mit der kognitiven Psychologie verbunden, die sich durch die Entlarvung der neoklassischen Wirtschaftstheorie durch Psychologen wie Amos Tversky und Daniel Kahneman sowie durch experimentelle Spieltheoretiker wie Vernon Smith entwickelte.

Ideen, die einst als außerhalb der Wirtschaftswissenschaften stehend betrachtet wurden, sind in jüngster Zeit in den Mainstream aufgenommen worden, was sich in der Verleihung des Nobelpreises für Wirtschaftswissenschaften 2002 an Kahneman und Smith widerspiegelt. Die Nobelpreiskommission stellte fest, dass sie „Einsichten aus der psychologischen Forschung in die Wirtschaftswissenschaft integrieren, ... und damit die Grundlage für ein neues Forschungsgebiet legen“, indem sie zeigen, „wie menschliche Entscheidungen systematisch von denen abweichen können, die von der ökonomischen Standardtheorie vorhergesagt werden.“

Es gibt drei vorherrschende Themen in der Verhaltensökonomie:

- Heuristik: Menschen treffen Entscheidungen oft auf der Grundlage von ungefähren Faustregeln und nicht nach strenger Logik.
- Framing: Individuen verlassen sich auf eine Reihe von Anekdoten und Stereotypen, die die mentalen emotionalen Filter bilden, die sie dann verwenden, um Ereignisse zu verstehen und darauf zu reagieren.
- Marktineffizienzen: Dazu gehören Fehlbewertungen und nichtrationale Entscheidungsfindung.

Die wichtigste Lehre der Verhaltensökonomie ist, dass das Verhalten anderer Menschen eine Rolle spielt. Das neoklassische Standardmodell geht davon aus, dass Menschen eine vollständige rationale Analyse all ihrer verfügbaren Optionen durchführen. Im Gegensatz dazu legt die Verhaltensökonomie nahe, dass Menschen viele Dinge tun, indem sie andere beobachten und kopieren – Menschen werden ermutigt, Dinge weiter zu tun, wenn sie das Gefühl haben, dass andere Menschen ihr Verhalten gutheißen.

Sie zeigt auch, dass Gewohnheiten wichtig sind. Die Verhaltensökonomie legt nahe, dass Menschen viele Dinge tun, ohne bewusst darüber nachzudenken. Auch wenn Menschen ihr Verhalten ändern wollen, fällt es ihnen nicht leicht. Wie Warren Buffett es ausdrückt: Unsere Gewohnheitsketten sind zu leicht, um sie zu spüren, bis sie zu schwer sind, um sie zu durchbrechen.

Eine weitere Erkenntnis ist, dass Menschen motiviert sind, „das Richtige zu tun“. Eine neoklassische Standardanalyse würde die finanziellen Kosten und den Nutzen gegeneinander aufrechnen. Im Gegensatz dazu sagt die Verhaltensökonomie, dass es Fälle gibt, in denen Geld demotivierend wirkt, weil es die intrinsische Motivation der Menschen untergräbt. Zum Beispiel würden Sie wahrscheinlich aufhören, Freunde zum Essen einzuladen, wenn diese darauf bestehen würden, Sie dafür zu bezahlen.

Dies alles wird sich als wichtig erweisen, wenn es darum geht, die Mythen des Marktes zu dekonstruieren.

KOMPLEXITÄTSÖKONOMIE

Die alte Idee hinter dem *Modell* des Marktes war, dass er sich auf ein Gleichgewicht zubewegt. Dies ist inzwischen der Vorstellung gewichen, dass der Markt zwar nicht sofort ein Gleichgewicht erreichen mag, aber doch letztlich, wenn man ihm genügend Zeit gibt. In Wirklichkeit ist es aufgrund der immer schnelleren technologischen Entwicklung immer unwahrscheinlicher, dass der Markt jemals ein Gleichgewicht erreichen wird. Es ist einfach zu viel Störung im System. Es macht also Sinn, den Markt als ein dynamisches, komplexes System zu sehen, das sich ständig weiterentwickelt.

Der Ökonom Axel Leijonhufvud hat einmal gesagt, dass die neoklassische Theorie „intelligente Menschen in unglaublich einfachen Situationen" modelliert, während die reale Welt, die die Komplexitätsökonomie zu modellieren versucht, „einfache Menschen in unglaublich komplexen Situationen" modelliert.[63]

Die Komplexitätsökonomie sieht die Wirtschaft nicht als etwas Gegebenes und Existierendes, sondern als eine sich ständig entwickelnde Menge von technologischen Innovationen, Institutionen und Arrangements, die weitere Innovationen, Institutionen und Arrangements hervorbringen. Sie zeigt uns eine Wirtschaft, die sich selbst erfindet und die neue Strukturen und Verwertungsmöglichkeiten schafft, als ein reaktionsfähiges soziales System.

Komplexitätsökonomen argumentieren, dass dieser neue Ansatz nicht nur eine Erweiterung der Standardökonomie ist und auch nicht darin besteht, Individuen zu dem Standardmodell hinzuzufügen. Es ist eine andere Art, die Wirtschaft zu sehen. Es ist eine andere Sichtweise, eine, in der sich Handlungen und Strategien ständig weiterentwickeln, in der die Zeit wichtig wird, in der sich Strukturen kontinuierlich bilden und neu bilden, in der Phänomene auftreten, die für die Standard-Gleichgewichtsanalyse nicht sichtbar sind, und in der eine Meso-Ebene (oft interpretiert als Institutionen, Organisationen, Banken usw.) zwischen der Mikro- und der Makroebene wichtig wird. Diese Sichtweise gibt uns eine Welt, die der politischen Ökonomie näher ist als der neoklassischen Theorie, eine Welt, die organisch, evolutionär und historisch auch anders möglich ist.

Die Wirtschaft oder Bereiche innerhalb der Wirtschaft aus einer Komplexitätsperspektive zu betrachten, bedeutet zu fragen, wie sie sich entwickelt, und das bedeutet, im Detail zu untersuchen, wie die Summe des Verhaltens von Menschen Muster zeigen kann, die nicht dem Verhalten jedes Einzelnen eigen sind, und wie solche emergenten Muster wiederum ihr Verhalten verändern können.

Komplexitätsökonomie ist eine brandneue Disziplin. Sie hat nicht alle Antworten, aber sie bietet eine Linse, durch die wir vielleicht eine Chance haben, den Markt genauer zu betrachten. Sie füllt vielleicht nicht ganz die Lücke zwischen dem Modell und dem Markt, aber sie ist zumindest ein Werkzeug, das uns dabei helfen kann.

Dies sind einige der Ideen, die im Zentrum der Komplexitätsökonomie stehen:

- Die Marktteilnehmer sind überall verstreut und müssen antizipieren, wie andere Menschen reagieren werden.
- Niemand hat das Sagen. Wenn es eine Koordination gibt, dann wird sie durch den rechtlichen Rahmen zwischen den Menschen und den Institutionen, die sie unterstützen, gewährleistet.
- Marktorganisationen sind hochkomplexe Hierarchien. Es gibt viele Ebenen der Organisation und Interaktion, und jede Ebene stellt eine Art Baustein für die nächsthöhere Ebene dar.
- Menschen passen sich an. Sie entwickeln Erfahrungen, und sie erarbeiten bessere Strategien – aber die Spiele ändern sich dabei.
- Es gibt immer Neuheiten. Jede Anpassung etabliert neue Nischen und neue Institutionen, die alle auch miteinander interagieren.
- Es gibt kein Gleichgewicht.

Adam Smith hatte also doch recht. Es gibt eine verborgene Hand im Markt: die selbstorganisierende Tendenz komplexer Systeme, die fernab vom Gleichgewicht operieren. Die Probleme kamen später, als die Ökonomen versuchten, dieses sich selbst organisierende System mit der traditionellen Newtonschen Rechnung zu modellieren.

Smith hat vielleicht nicht klar genug gesagt, dass die Hand keine übernatürliche Kraft ist, sondern ein menschliches Konstrukt. Sie ist keine jenseitige Gabe von Gott oder der Natur. Sie ist der selbstorganisierende Effekt des komplexen Geflechts der konstituierenden Regeln des Marktes. Es steht in ständigem Dialog mit menschlichen Emotionen und mit den anderen Institutionen und Konzepten, die der Mensch geschaffen hat. Es könnte auch anders funktionieren, als es jetzt tut. In der Tat entwickelt sie sich ständig weiter, geformt durch menschliche Eingriffe. Die *Institutionenökonomik* befasst sich mit dieser Entwicklung.

INSTITUTIONENÖKONOMIK

Die zentrale Botschaft dieses Buches ist, dass es viele mögliche freie Märkte gibt, und dass wir entscheiden können, wie *unser* freier Markt aussehen soll.

Wie alle sozialen Konstrukte könnte auch der Markt anders sein. Wir haben den Markt geschaffen und wir können ihn verändern. Es ist vielleicht nicht möglich, sich eine Welt ohne Markt vorzustellen, aber es ist möglich, sich eine vorzustellen, in der der Markt dazu beiträgt, Gier, Egoismus, Zynismus und Ausbeutung zu verringern, anstatt sie zu fördern.

„Wir müssen eine Zeit lang so tun", schrieb Keynes, „als ob Foul nützlich wäre und Fairness nicht."[64] Die Zeit ist vorbei. Wir können das „Foul" vielleicht nicht abschaffen, aber wir können einen Markt gestalten, der auch andere Werte nützlich macht. Wir können die Weichen für eine andere Art von Welt stellen und einen freien Markt gestalten, der ein mächtiges Werkzeug wird, um uns dorthin zu bringen.

Die zentrale Botschaft dieses Buches ist, dass der Markt nur ein Werkzeug ist. Wie die Demokratie oder andere gesellschaftliche Erfindungen kann er so angepasst werden, dass er für das genutzt werden kann, was wir wollen. Schließlich sagt ein demokratisches System nichts darüber aus, welche Entscheidungen getroffen werden sollen, sondern nur, wie sie zustande kommen und beschlossen werden sollen. Ähnlich verhält es sich mit dem Markt: Wir können ihn so gestalten, dass er unseren Ansprüchen genügt. Der Markt ist kein Lebewesen, das ein Eigenleben führt. Ganz im Gegenteil. Ohne Menschen gäbe es keinen Markt. Wir sind es, die ihn erschaffen haben, und wir erschaffen ihn jeden Moment neu, ob wir nun eine Zeitung oder Medizin kaufen.

Was prägt den Markt in der Praxis? Es sind Gesetze, Gewohnheiten, vor allem aber Institutionen, die entweder von Regierungen oder von Menschen geschaffen werden, um etwas auf dem Markt zu erreichen, wie etwa Banken und Versicherungen. Es macht also Sinn, diese genauer zu betrachten, etwas, wofür die *Institutionenökonomik* entwickelt wurde.

Die Institutionenökonomik konzentriert sich auf das Verständnis der Rolle von evolutionären sozialen Prozessen und der Rolle von Institutionen bei der Gestaltung des wirtschaftlichen Verhaltens. Ihre Ursprünge reichen viel weiter zurück als die anderen neuen Disziplinen, über die wir gesprochen haben, nämlich bis ins Jahr 1919, als der Wirtschaftswissenschaftler Walton Hamilton diese Ideen in der *American Economic Review* vorschlug.[65] Aber die Grundlagen gehen vielleicht noch weiter zurück, bis in die Mitte des neunzehnten Jahrhunderts. Die sogenannte Deutsche Historische Schule (Commons, Pigou, Veblen, Parson) machte Beobachtungen, die mit der aufkeimenden klassischen Wirtschaftstheorie nur schwer in Einklang zu bringen waren. Der Begriff selbst wurde erstmals von Hamilton im Jahr 1919 geprägt. Er schlug vor, dass der Zweck der Institutionenökonomie darin bestand, einige der Mängel des neoklassischen Modells zu korrigieren, das „den Einfluss vernachlässigte, den das System der Institutionen auf das Verhalten ausübt ...“[66]

Es gibt eine alte und eine neue Schule. Was die beiden „Schulen“ unterscheidet, ist teilweise die Art, wie sie Institutionen definieren. Die alte Schule sieht Institutionen als die Konventionen, Normen und formell sanktionierten Regeln einer Gesellschaft. Sie bieten Erwartungen, Stabilität und Sinn, die für die menschliche Existenz und Koordination wichtig sind. Institutionen regeln das Leben, stützen Werte und schützen und produzieren die Interessen verschiedener

Gruppen in der Gesellschaft. Die neue Schule hat keine einheitliche, allgemeingültige Definition entwickelt, aber die meisten Wissenschaftler folgen der von Douglass North vorgenommenen Abgrenzung zwischen Institutionen und Organisationen. *Institutionen* sind hier die „Spielregeln", die sowohl aus den formalen rechtlichen Regeln als auch aus den informellen sozialen Normen bestehen, die das individuelle Verhalten regeln und die sozialen Interaktionen strukturieren (institutioneller Rahmen). *Organisationen* sind die Gruppen von Menschen und die von ihnen geschaffenen Regierungs-Vereinbarungen, um ihr gemeinsames Handeln gegenüber anderen Gruppen zu koordinieren, die ebenfalls als Organisationen auftreten, wie z. B. Unternehmen, Universitäten, Vereine, medizinische Verbände und Gewerkschaften.

Was tun Institutionen also? Sie definieren den Markt, wie wir ihn kennen: Sie beeinflussen die Höhe der Transaktionskosten; sie verteilen Rechte und definieren privates, gemeinsames und öffentliches Eigentum; sie beeinflussen Wahrnehmungen, Interessen und Werte und sie beeinflussen Rationalität und Präferenzen. In der Sprache von Kapitel 4 liefern sie die *konstitutiven* und *regulativen* Regeln des Marktes.

Zu den wichtigsten Institutionenökonomen gehört Thorstein Veblen, der amerikanischer Ökonom und Soziologe und Leader der institutionellen Wirtschaftsbewegung. Veblen wird das wichtigste technische Prinzip zugeschrieben, das von den Institutionenökonomen verwendet wird und als *Veblensche Dichotomie* bekannt ist. Dies ist eine Unterscheidung zwischen dem, was Veblen „Institutionen" und „Technologie" nennt. Anstatt die Ökonomie von den Sozialwissenschaften zu trennen, untersuchte Veblen die Beziehungen zwischen der Wirtschaft und sozialen und kulturellen Phänomenen.

John Kenneth Galbraith war ein kanadischer und später amerikanischer Ökonom, Beamter und Diplomat, ein führender Vertreter des amerikanischen Liberalismus des 20. Jahrhunderts und ein Bestsellerautor. Als Ökonom lehnte er sich an die postkeynesianische Ökonomie aus einer institutionalistischen Perspektive an.

Elinor Ostrom war eine amerikanische politische Ökonomin, deren Arbeit mit der Neuen Institutionenökonomie und dem Wiederaufleben der politischen Ökonomie in Verbindung gebracht wird. Im Jahr 2009 teilte sie sich den Nobelpreis mit Oliver Williamson für „ihre Analyse der ökonomischen Regulierung, insbesondere des Gemeingutes“, und ist damit die einzige Frau, die den Wirtschaftspreis bisher erhalten hat. Ihre Arbeit befasst sich damit, wie Gesellschaften verschiedene institutionelle Arrangements entwickelt haben, um natürliche Ressourcen zu verwalten und den Zusammenbruch ihrer Ökosysteme zu vermeiden.

Elinor Ostrom ist eine wichtige Figur in der erneuerten Bewegung der Institutionenökonomie, insbesondere wegen der Art und Weise, wie sie die Rolle des Gegenseitigkeitsprinzips bei der Entwicklung wirtschaftlicher Institutionen verstand. Sie gehört zu einer Reihe von neuen Institutionenökonomen, die sich mit Themen wie Information, Eigentumsrechte und Transaktionskosten und anderen *konstitutiven* Regeln des Marktes befassen. Ihre Aufgabe ist es, die Lücke zwischen dem *Markt*, wie er ist, und *den möglichen Märkten*, die sein könnten, zu schließen. Sie verstehen, was andere Ökonomen vielleicht nicht verstanden haben, dass diese Institutionen – und die Sprache, die sich aus ihnen ableitet – menschliche Konstruktionen sind.

Ein weiterer interessanter Beitrag zu unserem Verständnis der didaktischen Rahmung des Marktes stammt von Professor Lynn Stout von der Cornell Law School. Stout ist auf Verfassungsrecht spezialisiert und weist in ihrem Buch *The Shareholder Value Myth* darauf hin, dass es keine rechtliche oder konstruktive Grundlage für die vermeintliche Verpflichtung von US-Unternehmen zur Maximierung des Shareholder Value gibt: „Die Vorstellung, dass das Gesellschaftsrecht von Vorständen, Führungskräften und Mitarbeitern verlangt, den Wohlstand der Aktionäre zu maximieren, ist einfach nicht wahr.“[67] Die Rechtsprechung, auf die sich die Befürworter des Aktionärsvorrangs berufen, zum Beispiel die Entscheidung des Michigan Supreme Court aus dem Jahr 1919 in der Rechtssache *Dodge v. Ford Motor Company*, ist ihrer Meinung nach zu speziell, um heute noch Relevanz zu haben. Sie zeigt auch, wie der Vorrang der Aktionärsinteressen in Wirklichkeit Investoren, Unternehmen und der Öffentlichkeit schadet.

Auf dem Weg zu einem neuen ökonomischen Verständnis

In unserer akademisch fragmentierten Welt ist es nicht einfach, Erkenntnisse aus den vielen verschiedenen Disziplinen zu integrieren, die für eine kopernikanische Revolution in der Ökonomie notwendig sind. Wir brauchen Physik und Systemtheorie, um komplexe, sich selbst organisierende Systeme zu verstehen; Philosophie, insbesondere Ontologie, um den fundamentalen Unterschied zwischen natürlichen und sozialen, sich selbst organisierenden Systemen zu verstehen; Soziologie, um zu verstehen, wie wir unsere sozial konstruierte Realität ständig reproduzieren und wie es möglich ist, diese Realität zu verändern. Obendrein brauchen wir die Psychologie, um das reale menschliche Verhalten besser zu verstehen. Kein Wunder, dass die meisten Akademiker es vorziehen, innerhalb der Grenzen zu bleiben, die durch das alte mathematische Modell definiert sind.

Doch wie wir oben gesehen haben, haben sich einige mutige Wegbereiter über die Grenzen des traditionellen ökonomischen Denkens hinausgewagt und disziplinübergreifende Erkenntnisse in neue Sichtweisen integriert. Insbesondere die Verhaltensökonomik, die Komplexitätsökonomik und die Institutionenökonomik tragen alle auf unterschiedliche Weise dazu bei, die sieben Mythen aus Kapitel 2 zu zerstreuen.

Vereinfacht könnte man sagen, dass uns die Verhaltensökonomik hilft, von dem allzu vereinfachten Bild rationaler Entscheidungsträger mit vorgegebenen Präferenzen wegzukommen, welches die Grundlage für Mythos 4 und ähnliche Mythen ist.

Die Komplexitätsökonomie hilft uns, den Markt als ein viel dynamischeres System mit ziemlich seltsamen und unerwarteten Problemen zu betrachten, das weit vom Gleichgewicht entfernt ist. Dies räumt mit Mythos 5 auf, hilft uns aber auch, die Mythen 1, 2 und 3 in einem neuen Licht zu sehen.

Die Institutionenökonomie hilft uns, die menschlichen Institutionen hinter dem Wirken der unsichtbaren Hand zu sehen. Mythen 6 und 7 und ähnliche Mythen sterben.

Ein solches neues ökonomisches Verständnis würde, wie Adam Smith, den Markt als ein komplexes, sich selbst organisierendes System sehen. Aber auch erkennen, dass es sich – im Gegensatz zu den vielen natürlichen selbstorganisierenden Systemen, die wir in der Biologie kennenlernen[68] – um ein vom Menschen geschaffenes selbstorganisierendes System mit einer bestimmten Geschichte handelt, die auch anders hätte verlaufen können. Das neoklassische Modell des Marktes geht davon aus, dass die Funktionsweise des Marktes, genau wie die Planetenbewegungen, ein für alle Mal festgelegt ist, mit z.B. vorgegebenen „Nutzenfunktionen". Aber das Marktsystem unterscheidet sich grundlegend von physikalischen Systemen. Nicht nur in dem Sinne, dass es von außen mit regulierenden Regeln reguliert werden könnte, sondern auch in dem Sinne, dass die konstitutiven Regeln, die Regeln, die per Definition notwendig sind, um überhaupt ein sich selbst organisierendes System zu haben – wie Eigentumsrechte und qualifizierte Marktakteure – menschengemachte Konstrukte sind.

Mit dieser Unterscheidung würde ein neues ökonomisches Verständnis erkennen, dass auch ein Markt, der frei von jeglichen regulierenden Regeln ist, immer konstitutive Regeln braucht, um sich selbst zu organisieren. In einem natürlichen, sich selbst organisierenden System sind diese konstitutiven Regeln die Rückkopplungsschleifen, die z.B. von physikalischen Konstanten oder chemischen Reaktionsmustern gesteuert werden, auf die wir Menschen keinen Einfluss nehmen können. Aber für ein soziales selbstorganisierendes System wie den Markt können diese konstitutiven Regeln auf viele verschiedene Arten umgesetzt werden: mit sehr unterschiedlichen selbstorganisierenden Ergebnissen als Ergebnis. Beispiele für konstitutive Regeln sind beliebige Definitionen von Eigentumsrechten oder Unternehmensrechten. Das Ergebnis des Selbstorganisationsprozesses des Marktes, den Adam Smith als „unsichtbare Hand" bezeichnete, hängt also von der spezifischen Formulierung der konstitutiven Regeln ab. Daher ist auch der „freie Markt" immer menschengemacht. „So wie Gott oder die Natur die Stärke und Richtung der Gravitationskräfte bestimmen, bestimmt der Mensch die Stärke und Richtung der Marktkräfte."

Die zwei unsichtbaren Hände des Marktes

Dieses Buch soll kein Angriff auf Adam Smith als den Vater der unsichtbaren Hand sein, ganz im Gegenteil. Aber wir müssen uns trotzdem vor Augen halten, was das in der Praxis bedeutet:

- Die komplexe Selbstorganisation des Marktes ist abhängig von seinen menschengemachten *konstitutiven* Regeln.
- Während der Selbstorganisation *produziert* und *verteilt* der Markt verschiedene Arten menschlichen Reichtums. Die *konstitutiven* Regeln des Marktes beeinflussen diese beiden Prozesse.
- Produktion und Verteilung sind miteinander verbunden, aber die *konstitutiven* Regeln können oft so gestaltet werden, dass sie Produktion und Verteilung getrennt beeinflussen.

Unterschiedliche *konstitutive Regeln* werden zu unterschiedlichen Marktergebnissen führen, sowohl in Bezug auf die Menge der produzierten Güter als auch auf deren Verteilung. Man würde also die konstitutiven Regeln so gestalten wollen, dass die Effizienz der Produktion maximiert und eine als gerecht empfundene Verteilung des Wohlstands gefördert wird. Sobald die *konstitutiven Regeln* optimiert sind, könnte es immer noch notwendig sein, *regulierende Regeln* aufzuerlegen, aber auf diese Weise kann der Verwaltungs- und Effizienzverlust, der immer der Effekt von *regulierenden Regeln* ist, auf ein Minimum reduziert werden.

Für unser Verständnis des Marktes als selbstorganisierendes System könnte es von Vorteil sein, Adam Smiths Metapher zu erweitern und von *zwei* unsichtbaren Händen zu sprechen: eine, die den Kuchen backt, und eine, die ihn aufteilt. Die erste unsichtbare Hand kümmert sich um das Nicht-Nullsummenspiel der Schaffung von Wohlstand und versucht, einen möglichst großen und schönen Kuchen zu backen. In Bezug auf diese unsichtbare Hand stehen wir alle mehr oder weniger auf der gleichen Seite und wollen alle einen großen, schönen Kuchen aus dem Ofen des Marktes. Aber wenn es um den Verfahren der zweiten Hand geht, neigen wir alle dazu, ein größeres Stück des Kuchens für uns selbst zu wollen. Es ist wichtig, sich immer vor Augen zu halten, dass der selbstorganisierende Prozess des Marktes ständig beide Funktionen ausführt, und dass das Ergebnis jeder dieser Funktionen – der Kuchen im Ofen und das Stück, das Sie bekommen – von den *konstitutiven Regeln* des Marktes abhängt.

Das bedeutet, dass wir, wenn wir die *konstitutiven Regeln* des Marktes entwerfen, berücksichtigen müssen, wie diese Regeln diese beiden Prozesse der Produktion und der Verteilung beeinflussen. Wenn wir zum Beispiel die Regeln für die Länge von Patenten und Urheberrechten festlegen, müssen wir berücksichtigen, dass die Länge des Eigentumsrechts sowohl die Effizienz des Marktes als auch die Verteilung des Reichtums beeinflussen wird. Wenn wir keine Urheberrechte haben, wird der Markt viel weniger Anreize für kreative Produktion bieten. Wenn wir andererseits zu lange Urheberrechte haben, wird dies die Möglichkeiten zur Wiederverwendung von Ideen für neue Produktionen einschränken, von denen alle profitieren würden. Für dieses Beispiel und angesichts der kurzfristigen Sicht des Marktes würde ich vermuten, dass ein optimaler Kompromiss zwischen 10 und 20 Jahren liegen könnte. Aus der wirtschaftlichen Perspektive eines einzelnen Urheberrechtsinhabers, der ein größeres Stück haben möchte, ist ein längerer Zeitraum natürlich besser. Kein Wunder, dass die großen Urheberrechtsinhaber Lobbyarbeit bei den Gesetzgebern betreiben, um das Urheberrecht auf 150 Jahre zu erhöhen. Urheberrechte sind ein gutes Beispiel für *konstitutive Regeln*; ohne Gesetzgebung würden sie nicht existieren. Einerseits muss man die Regeln so gestalten, dass sie Investitionen fördern, was der Hauptzweck des geistigen Eigentums ist. Auf der anderen Seite muss man die Regeln so gestalten, dass Vielfalt und Wettbewerb möglich sind und die Bedürfnisse der Gesellschaft insgesamt möglichst gerecht und effektiv berücksichtigt werden, und deshalb die Länge der Eigentumsrechte begrenzen.

Den Markt für das Gemeinwohl konstruieren

Wir sind als Gesellschaft immer weniger in der Lage, über das Gemeinwohl in der Gesellschaft und Entscheidung darüber nachzudenken, wie wir mit all den Dingen umgehen, über die wir per Definition gemeinsam verfügen: saubere Luft, das Maß an Vertrauen in der Gesellschaft und die Verteilung von Macht und Ressourcen. Diese betreffen uns alle gemeinsam. Unsere grundlegenden Institutionen in der Gesellschaft, z.B. das Rechtssystem, das demokratische System und das Marktsystem, sind ebenfalls Teil des Gemeinwohls und müssen kollektiv entschieden werden. Das einzige Gemeingut, in Bezug auf das wir uns wirklich wohl zu fühlen scheinen, ist unsere Landesverteidigung. Wir müssen die richtige Funktion der Politik und ihre Rolle bei der Verwaltung unseres Gemeinwohls wiederentdecken. Nicht zuletzt auch die grundlegende Institution des Marktes. Es ist eine Fähigkeit, die in den letzten Generationen verloren gegangen ist; wir sind darüber verwirrt, was einen freien Markt frei macht, und ignorieren die Notwendigkeit verfassungsmäßiger Regeln. Und doch nehmen wir als Bürger durch unsere gewählten Repräsentanten – ohne es recht zu bemerken – jeden Tag durch verschiedene politische Entscheidungen Einfluss auf die Gestaltung der Märkte.

Abbildung 3. Die zwei unsichtbaren Hände des Marktes. Die eine Hand backt den Kuchen und die andere Hand verteilt ihn. Das ist eine Metapher, die uns hilft, uns die relative Unabhängigkeit der beiden gleichzeitigen selbstorganisierenden Prozesse des Marktes zu vergegenwärtigen.

Um zu verstehen, welche Auswirkungen diese Entscheidungen auf die Selbstorganisation des Marktes haben, müssen unsere Politiker die richtigen Fragen stellen. Dies ist besonders wichtig, wenn es darum geht, die Verantwortung für verschiedene Funktionen an den Markt zu übergeben. In der Tat müssen wir alle einige einfache Fragen stellen, wenn es darum geht, irgendeine wichtige Aufgabe an die unsichtbaren Hände des Marktes zu übergeben:

1. **Wird der Markt wirklich in der Lage sein, diesen speziellen Kuchen zu backen?** Setzen wir den Markt in der richtigen Weise ein? Ist die Aufgabe so strukturiert, dass eine sinnvolle (effiziente, gerechte) Selbstorganisation im Wirtschaftssystem eintritt? Handelt es sich vielleicht um ein kollektives Gut oder ein Leistungsgut, das der Markt per Definition nicht bewältigen kann? Wird der Markt in diesem

Fall effektiv funktionieren, oder müssen wir ein anderes Instrument verwenden?

2. **Wird der Kuchen gut aussehen und schmecken, wenn er aus dem Ofen kommt?** Welche anderen menschlichen Werte – neben der wirtschaftlichen Effizienz – wollen wir in dieser Angelegenheit erreichen? Wie stellen wir sicher, dass diese Werte als Ergebnis herauskommen? Wie können wir die Aufgabe formulieren und die konstitutiven Regeln um dieses Problem herum konstruieren, damit das Ergebnis der Selbstorganisation des Marktes mit den Dienstleistungen oder Produkten übereinstimmt, die wir von ihm erwarten?

3. **Wie wird der Markt angesichts dieser Regeln den Kuchen aufteilen?** Was sind die Verteilungseffekte dieser Entscheidung? Wer werden die Gewinner und wer die Verlierer sein? Können wir die *konstitutiven Regeln* anders gestalten, um die Aufteilung des Kuchens mehr in Einklang mit dem zu bringen, was wir für vernünftig und wünschenswert halten würden?

Danach müssen wir es einfach versuchen. Wir können nie genau vorhersagen, was bei der Selbstorganisation des Marktes herauskommen wird. Wir müssen evaluieren und gegebenenfalls die *konstitutiven Regeln* ändern. Dann evaluieren wir es erneut, und nur wenn wir durch die Veränderung der konstitutiven Regeln absolut nicht das gewünschte Ergebnis erhalten haben, sollten wir regulieren oder durch Steuern oder ähnliches umverteilen.

Wir verstehen nun, dass, auch wenn der Markt ein selbstorganisierendes System ist, die Art und Weise, wie er funktioniert – die Art und Weise, wie er sich selbst organisiert – von uns Menschen gemeinsam definiert wird. Dieses Verständnis können wir nun nutzen, um neue mögliche Märkte bewusster zu gestalten.

KAPITEL 7

Mögliche Märkte

„Im Gegensatz zu Marionetten haben wir die Möglichkeit, in unseren Bewegungen innezuhalten, aufzuschauen und die Maschinerie wahrzunehmen, von der wir bewegt wurden. In diesem Akt liegt der erste Schritt zur Freiheit.“

Peter Berger

Auf dem Mont Pèlerin hatte alles begonnen, und so habe ich auch dieses Buch eingeleitet. Die von Friedrich von Hayek und seinen Freunden 1947 ins Leben gerufene Bewegung hat sich zu einer starren und unnachgiebigen Orthodoxie entwickelt, die menschliche Eingriffe in offene Märkte ablehnt. Dennoch entwickelte sie sich nicht ganz so, wie Hayek es vielleicht beabsichtigt hatte.

Zum einen beging sein großer amerikanischer Verbündeter, der Doyen der amerikanischen liberalen Ökonomie, Henry Simons, 1946 Selbstmord, so dass sein Einfluss nie wirklich zum Tragen kam. Für Simons war das große Übel die Macht des Monopols. Ein freier Markt, im klassischen Sinne, sollte frei von Monopolen sein. Aber so hat sich Hayeks Bewegung nicht entwickelt.

Zum anderen wurde die amerikanische Version von Hayeks Buch, *The Road to Serfdom*, von seinem vorgesehenen Autor, Aaron Director, nie fertiggestellt. Es wurde schließlich von seinem dritten vorgesehenen Autor, Simons´ ehemaligem Schüler Milton Friedman, fertiggestellt und 1962 als *Capitalism and Freedom* veröffentlicht.

Zu diesem Zeitpunkt war die neue Orthodoxie, wie sie von Milton Friedman dargelegt wurde, anders beschaffen. Anstatt geistige Rechte als eine vorübergehende Aussetzung des Freihandels zu betrachten, um Innovationen zu fördern, argumentierte Friedman, müssten geistige Güter eine Art Eigentum sein und als solches verteidigt werden, selbst wenn dies zur Schaffung künstlicher Monopole führe. Dies hat zu der katastrophalen Konzentration von Macht und Ressourcen geführt, die wir heute sehen. Es hat den Reichsten erlaubt, das Eigentum an geistiger Schöpfung länger zu dominieren, als es eigentlich nötig gewesen wäre. Sie hat wohl zum deformierendsten Effekt der neoliberalen Orthodoxie geführt – der Idee, dass Unternehmen in rechtlicher Hinsicht wie Menschen behandelt werden sollten, indem sie Menschenrechte auf juristische Personen übertragen, die über Ressourcen verfügen, die weit über die eines jeden Menschen hinausgehen.[69]

Friedman argumentierte auch, dass Monopole keine große Rolle spielten, und – falls sie doch auftraten – war die Regierung daran schuld, indem sie überregulierte. Dies war eine Ablehnung der Verteidigung gegen die übermäßige Konzentration von Marktmacht, das genaue Gegenteil des Freihandels. Es erklärt, warum das neue marktliberale Denken in den letzten Jahrzehnten Monopole als Problem ignoriert hat.

Diese zwei kleinen Verschiebungen – geistige Güter als Eigentum zu betrachten und dass Unternehmen Menschenrechte haben sollten – diese zwei kleinen Fehler, waren enorm einflussreich. Sie waren weder Hayeks Fehler noch die der ursprünglichen Begründer der neoliberalen Weltanschauung – sie wurden später erzeugt –, aber sie erklären, warum sie in der Praxis so deformierend waren.

Wege, auf denen der Markt anders sein könnte

Im vorigen Kapitel haben wir Werkzeuge entwickelt, um die Umsetzung neuer Marktregeln zu beurteilen. Wenn wir diese Werkzeuge verstanden haben, ist es an der Zeit, unsere Muskeln spielen zu lassen und zu sehen, wie wir die Märkte so verändern können, dass sie besser für unsere aktuellen Bedürfnisse geeignet sind.

Vielleicht müssen wir vor allem folgendes tun:

- Weiterhin neue Wege der Ergebnismessung schaffen, eine Bilanzierung, die über das rein Finanzielle hinausgeht. Dies wird den Schwerpunkt der Wirtschaftsgesetze auf den Schutz von Kapital und Investitionen verlagern und ihre Pflichten breiter gestalten.
- Man muss den Aktionären eine breitere Verantwortung übertragen. Wir müssen den Aktionären wieder Pflichten auferlegen und die Pflichten von Vorständen und Geschäftsführern über die Aktionärsinteressen hinaus ausweiten.
- Man sollte den Status von Unternehmen als Personen begrenzen. Unternehmen müssen immer noch individuelle juristische Personen sein, aber ihnen Menschenrechte und Freiheit zu verleihen, wenn sie übermäßig mehr Macht haben als die meisten Menschen, gefährdet die Demokratie.
- Demokratisierung der Entscheidungsfindung in Unternehmen. Vielleicht können Formen der partizipativen Demokratie eingebaut werden, so dass die Mitarbeiter effiziente Möglichkeiten haben, sich bei der Gesamtentwicklung des Unternehmens Gehör zu verschaffen. Dies könnte durch neue Rechtsformen von Unternehmen unterstützt und erleichtert werden.

- Fördern Sie eine langfristige Sicht auf das Geschäft. Kurzfristigkeit ist ein hartnäckiges Problem für Aktiengesellschaften. Wenn man sich verpflichtet, Aktien zehn Jahre lang zu besitzen, sollte man vielleicht das zehnfache Stimmrecht bekommen.

Die Liste ließe sich fortsetzen. In diesem Kapitel möchte ich nur ein paar verstreute Beispiele geben, wie wir auf neue Weise denken könnten. Nur als Illustrationen, um die Kreativität in Gang zu bringen, obwohl es sich nicht um vollständig ausgearbeitete Vorschläge zur Umsetzung handelt. Kritisieren Sie diese einfachen Beispiele nicht nur, sondern nutzen Sie sie auch, um Ihre eigenen Ideen zu finden, wie der Markt dazu gebracht werden könnte, uns allen – individuell und kollektiv – zu dienen, und nicht umgekehrt.

Beginnen wir mit der Idee des Eigentums selbst. Es ist etwas, das wieder einmal umgestaltet werden könnte. Hier sind einige Möglichkeiten:

Verschiedene Formen von Eigentum

Die Idee von Eigentum ist so vertraut, dass wir vergessen, dass sie während der Aufklärung mit der wachsenden Forderung des Bürgertums nach Eigentum an Land und Arbeit entwickelt wurde. Davor gab es das feudale Eigentum, das zwischen verschiedenen Gesellschaftsschichten geteilt wurde – oder das biblische, zeitlich begrenzte Eigentum, wie es in Levitikus beschrieben wurde. Es sollte also nicht allzu schwierig sein, sich eine neue Art von begrenzten Rechten in Bezug auf Investitionen vorzustellen. Eine ähnliche Idee wurde von dem australischen Finanzier Shann Turnbull für die post-sowjetische Wirtschaft vorgeschlagen.[70] Die ursprünglichen Trends zur Einfriedung und zum individuellen Landbesitz wurden mit der Notwendigkeit einer anderen Art von Kontrolle begründet, um die Modernisierung der landwirtschaftlichen Methoden zu ermöglichen. Aber wenn die neuen landwirtschaftlichen Methoden anders gewesen wären – eher auf biologischen als auf technologischen Durchbrüchen beruhend –, hätte sich möglicherweise ein anderes System des Landbesitzes entwickeln können. Es hätte sich nach dem Vorbild des Systems der Landbewirtschaftung entwickeln können, das von den Schweizer Bauern in den Alpen in den 1970er Jahren angewandt wurde, in Bergregionen, in denen einzelne Regionen unterschiedliche Verbesserungen oder Eingriffe erfordern, um sie lebensfähig zu machen, ohne dass offensichtliche Wirtschaften vorhanden sind.[71]

Der Bodenmarkt hätte sich nach dem Vorbild der sowjetischen Kollektivierung entwickeln können. Er hätte sich nach dem Vorbild der Verstaatlichung des Bodenwerts entwickeln können, wie es der einflussreiche Radikale Henry George vorschlug und wie es kurzzeitig im Vereinigten Königreich unter dem Community Land Act von 1975 geschah.[72] Er hätte sich des gemeinschaftlichen Landbesitzes bedienen können, wie es der Gartenstadtpionier Ebenezer Howard in seinem Buch Garden *Cities of Tomorrow* von 1898 darlegte.[73] Sie hätte sich auch mit einem Modell des geteilten Eigentums entwickeln können, bei dem das Eigentum an den Gebäuden von einem gemeinsamen Eigentum an den Grundstücken getrennt wird, wie es in der Idee der Community Land Trusts (CLTs) dargelegt ist, die von dem amerikanischen Pionier Bob Swann entwickelt wurde.[74] Es hätte auch eine religiöse Umverteilung von Landrechten geben können, wie sie von der römisch-katholischen Kirche seit 1891 befürwortet wird.

Keiner dieser Landmärkte wäre weniger frei, außer vielleicht die Option der Kollektivierung im sowjetischen Stil. Es wären immer noch Märkte fürs Land gewesen, und sie hätten sich vielleicht in diese Richtungen entwickelt, wenn die historischen Zufälle es ihnen erlaubt hätten. Vielleicht tun sie das immer noch.

Unterschiedliche Auffassungen zum Urheberrecht

Das moderne Rechtskonzept des Urheberrechts für Produkte und Dienstleistungen ist in seiner jetzigen Form eine ziemlich widersprüchliche Angelegenheit. Es gibt eine unglückliche Diskrepanz zwischen sozialem Wert und Marktwert. Hätten beispielsweise die Medienindustrien in Hollywood nur zehn Jahre lang das Urheberrecht an ihren Produkten, würden sich ihre Gewinne sicherlich verringern, aber nicht enorm – die meisten Filme erzielen 80 Prozent ihrer Einnahmen in den ersten fünf Jahren nach ihrem Kinostart. Mit Filmen, die nach zehn Jahren frei verfügbar sind, würde dagegen der gesellschaftliche Nutzen deutlich steigen und die kulturellen Gewinne auf der Verbraucherebene würden einen größeren Wert für die Menschen bedeuten. Auch die kulturelle Kreativität würde zunehmen, da ein größerer Teil unseres kulturellen Erbes für die kreative Weiterverwendung zur Verfügung stünde: Man denke nur an Disneys Neuauflage der Geschichten der Gebrüder Grimm, die mit den heutigen Copyright-Regeln nicht möglich gewesen wäre. Das Überdenken der Eigentumsverhältnisse gilt gleichermaßen für das Urheberrecht und andere Formen des geistigen Eigentums. Es gibt absolut keinen Nutzen für die Gesellschaft, wenn die Enkel des Unternehmers oder Schöpfers mit der ursprünglichen Innovation Geld verdienen.

Das Urheberrecht ist nicht gerade ein Menschenrecht. Es ist ein Recht, das die Gesellschaft den Urhebern zugesteht und das die Gesellschaft verteidigt. Jeder Titel (Eigentum) ist ein gegebenes Recht, ein Privileg, das die Gesellschaft jedem gewährt. Aber die Idee, dass Menschen Ideen besitzen können, ist erst ein oder zwei Jahrhunderte alt. Neue Ideen sind universell menschlich, Teil unserer gemeinsamen Symbolsprache – sie sind nicht im Besitz von irgendjemandem. Was wäre, wenn unsere Vorfahren ein Patent für die Herstellung von Äxten angemeldet hätten? Oder wenn die Araber ein Patent auf das arabische Zahlensystem inklusive der Innovation der „Null" angemeldet hätten? Die Europäer, die Nullen verwenden wollten, müssten dann an die Araber und später an deren Erben im Nahen Osten zahlen. Die entstellteste Struktur wäre unendliches Eigentum; die „natürliche" Struktur ist überhaupt kein Eigentum. Von diesem Ausgangspunkt aus sollten wir berechnen, wie viele Jahre ein Eigentumsrecht dauern sollte, um Innovation und Gemeinnützigkeit zu stimulieren.

Eine andere Möglichkeit ist, dass der Staat, anstatt Patente, Urheberrechte oder Frequenzrechte an Unternehmen zu vergeben, diese Rechte verkauft. Unternehmen könnten zu unterschiedlichen Preisen fünf, zehn oder zwanzig Jahre exklusive Rechte an einer Erfindung oder einem künstlerischen Werk erwerben. Dies würde von der

Anmeldung bösartiger Patente abschrecken (wenn Unternehmen die Entwicklung anderer verhindern wollen) und ausgleichende Beschränkungen für den Austausch zwischen Unternehmen bieten.

Wir könnten auch den ursprünglichen Geist der Idee der Eigentumsrechte wiederbeleben, indem wir Patente nur natürlichen Personen (Musikern, Schriftstellern, Filmemachern, Erfindern) erlauben, nicht aber juristischen Personen wie Unternehmen. Das könnte die Wirtschaft ankurbeln, ohne dass Unternehmen unendliche Rechte an sich reißen und damit neuen Entwicklungen im Wege stehen. Wahrscheinlich ist es sinnvoll, Individuen wieder als die zentralen Marktteilnehmer zu etablieren. So wie die Dinge jetzt stehen, wurden die Individuen von den Konzernen aus dem Markt verdrängt.

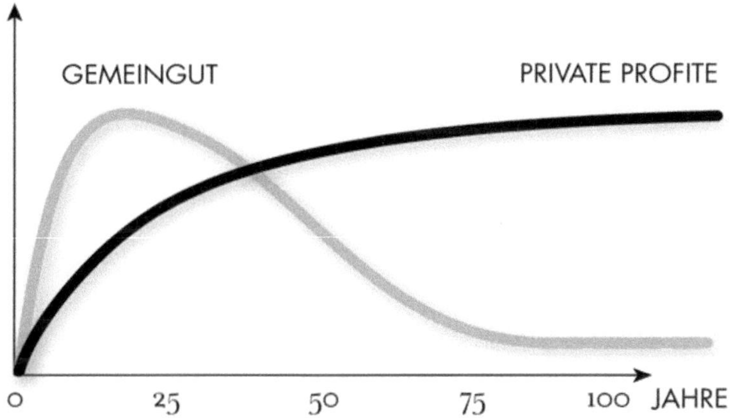

Abbildung 4. Das Gemeinwohl und die privaten Gewinne als Funktionen der Länge von Urheberrechten oder Patenten. Kein oder ein sehr kurzes Urheberrecht führt zu wenig Innovation. Zu lange Urheberrechte führen zu mehr privaten Profiten, aber auch zu weniger dynamischer Wiederverwendung von Innovationen.

Unterschiedliche Maßstäbe für den Erfolg

Unsere Buchhaltungssysteme messen nur den Marktwert des einseitigen Gewinns bei Produktion und Vertrieb. Ein Autounfall wird als Gewinn gemessen – wegen des Geldes, das für Krankenhausrechnungen und Autoreparaturen ausgegeben wird – wenn eigentlich etwas Schlechtes geschehen ist. Eine Scheidung wird als Gewinn gezählt – wegen der Anwaltskosten und dem Verkauf des gemeinsamen Hauses und dem Kauf zweier neuer Häuser. Die Abholzung eines Waldes erhöht das BIP um den Verkaufspreis, aber der Verlust des Waldes oder des Ökosystems wird nicht berechnet. Die BIP-Berechnung selbst hat keine Subtraktionsfunktion. Sie kann nur addieren.

Der Nutzen oder Schaden, der außerhalb dieser begrenzten Datensätze entsteht, wird nicht gemessen. Solche erweiterten Gewinne und Verluste werden im ökonomischen Standardmodell als positive und negative ‚Externalitäten' bezeichnet. Sie werden im Modell eher als störend empfunden und häufig ignoriert.

Wenn wir Gewinne von den Produzenten zu den Konsumenten verlagern, z. B. wenn das Urheberrecht eines Hollywood-Films ausläuft – um das obige Beispiel fortzusetzen – und der Film in die Public Domain übergeht, gibt es im Wirtschaftssystem auf dem Schreibtisch einen Verlust an Einnahmen, ohne dass jemand den entsprechenden Gewinn für die Öffentlichkeit (*Verbrauchergewinne*) zählt. Er wird als eine Verringerung des BIP für die Allgemeinheit ausgewiesen. Die Folge ist, dass alles, was den gesellschaftlichen Wert erhöht, heute nur noch negative Schlagzeilen in den Berichten bekommt: geringere Gewinne, geringeres BIP, schlechtere Wirtschaft. Die Tatsache, dass die Gesellschaft bereichert wird, wird nicht gemessen und ist daher auch nicht ersichtlich.

Wir leben in einer Welt, in der allein durch Filesharing praktisch jeder Zugang zum kollektiven Wissen und den kulturellen Schätzen der Welt erhalten kann. Jedes Mal, wenn eine Datei kopiert wird, wird ein Wert geschaffen. Warum wird dies also so oft als Problem und nicht als Bereicherung gesehen? Oder als eine Möglichkeit, mehr Gleichheit in der Gesellschaft und in der Welt zu schaffen? Die Erträge im Buchhaltungssystem sollten den Gesamtnutzen widerspiegeln. Auch wenn wir sie nicht vollständig in den Zahlen erfassen können, heißt das nicht, dass wir nicht einen Versuch unternehmen sollten – oder zumindest der Erfassung der Realität näher kommen sollten.

Unterschiedliche Formen für Konzerne

Dann gibt es noch die Zufälle der Geschichte, die die Regeln rund um Unternehmen geprägt haben. Solche Regeln könnten auch geändert werden, zum Beispiel, um eine andere Art von Bilanz zu schaffen, die über die rein finanzielle hinausgeht. Dies würde die übergreifende Betonung des Gesellschaftsrechts auf die Bedeutung des Kapital- und Investorenschutzes verändern – wo doch die meisten Aktionäre ihre Anteile nur für sehr kurze Zeit halten, oft nur für Sekunden.

Aktiengesellschaften könnten den Aktionären eine größere Verantwortung übertragen. War es richtig, den Aktionären alle Haftungen abzunehmen? Aber wenn Aktionäre mehr rechtliche Verantwortung hätten, dann würden es auch die Vorstände.

Die Regeln könnten das körperschaftliche Personsein einschränken. Unternehmen müssen immer noch einzelne juristische Personen sein, aber es könnte sein, dass es für die Demokratie schädlich ist, ihnen Menschenrechte und Redefreiheit zu gewähren – wenn sie in überwältigender Weise mächtiger sind als die meisten menschlichen Wesen. Unternehmen in den USA dürfen jetzt etwa im Namen der „Redefreiheit" unbegrenzt politische Gelder spenden.

Um zu verstehen, was für ein kompliziertes Regelwerk von *konstitutiven Regeln* eine Aktiengesellschaft ist, lassen Sie uns ein Beispiel betrachten. Nehmen wir an, ich möchte in einige öffentlich gehandelte Aktien investieren. Die Marktpreise dieser Aktien hängen davon ab, welche Vorteile mir der Besitz dieser Aktien bringt. Wird eine Dividende gezahlt? In welcher Höhe? Wie wird diese Dividende berechnet und beschlossen? Welche Rechnungslegungsvorschriften werden verwendet: Die Grundsätze ordnungsgemäßer Buchhaltung oder internationale Rechnungslegungsvorschriften? Welche Macht und welchen Einfluss erhalte ich als Aktionär? Bei welchen Fragen habe ich als Aktionär ein Entscheidungsrecht? Wie oft kann ich diesen Einfluss ausüben? Einmal im Jahr? Warum sollte mein Einfluss als Aktionär davon abhängen, wie viele Tage die Erde braucht, um die Sonne zu umrunden? Warum beginnt das Rechnungsjahr am 6. April? Die Antwort ist, dass die mittelalterlichen Kaufleute, beginnend in

Venedig, mit dem Beginn des Kirchenjahres – der Verkündigung der Jungfrau Maria, die die Empfängnis Christi markiert und am 25. März gefeiert wird – ihre Buchhaltung neu zu beginnen pflegten. Zählt man die elf Tage dazu, die im Jahr 1752 zur Umstellung auf den gregorianischen Kalender eingefügt wurden, kommt man auf den modernen Beginn des britischen Steuerjahres in der ersten Aprilwoche.

Auf solch eigentümlichen Prinzipien wurden die Gesetze des Marktes aufgebaut. Ändert man einige von ihnen – nicht zuletzt die sehr willkürlichen Bilanzierungsregeln –, ändert sich der Wert der Aktien.

Wir nehmen die Art und Weise, wie Unternehmen funktionieren, als selbstverständlich hin, als wäre sie unvermeidlich und natürlich, während sie – wie wir wissen – in Wirklichkeit von der Geschichte und von all den Fragen und Krisen und Problemen geprägt wurde, die zu verschiedenen Zeiten unserer Geschichte gelöst werden mussten. Die Regeln rund um Unternehmen, und die Idee von Unternehmen überhaupt, wurden immer aus der Notwendigkeit heraus entwickelt, eine Art Gleichgewicht zwischen dem Staat und dem öffentlichen Interesse herzustellen, und aus der Notwendigkeit, Sicherheit und Anreize für Investitionen zu schaffen.

Manchmal dominierte die eine Seite dieses Gleichgewichts, manchmal war es die andere. Wir sollten jetzt noch einmal schauen, ob wir einen erfolgreicheren Kompromiss entwickeln können.

Aus der Entwicklung der mittelalterlichen Unternehmen lassen sich Lehren ziehen. Sie waren ungeheuer erfolgreich. Das Volumen der gehandelten Waren, bevor der Schwarze Tod Europa heimsuchte, war so riesig, dass es sich bis zum 18. Jahrhundert nicht wieder auf das gleiche Niveau erholte.[75] Aber die Gesellschaftsstrukturen, die sich bildeten, um diesen Handel durchzuführen, waren anders. Es gab Profitvereinbarungen und Partnerschaften, aber auch Korporationen und Zünfte, die öffentliche Schöpfungen zum Schutz des Gemeinwohls waren.

Stellen Sie sich nun einen Moment lang vor, es hätte keine Unterbrechung im europäischen Handel und keinen Schwarzen Tod gegeben. Stellen Sie sich vor, die Körperschaften und Zünfte hätten sich länger gehalten, gebildet zum Schutz des allgemeinen Interesses und des Gemeinwohls statt der engen gesetzlichen Pflicht, das Kapital zu schützen. Hätten wir dann nicht moderne Unternehmen aus Sozialunternehmen geformt und nicht umgekehrt?

Stellen Sie sich vor, das Gesetz hätte früher erkannt, dass mittelalterliche Gesellschaften und moderne Kapitalgesellschaften ganz unterschiedliche Gattungen sind, anstatt sie miteinander zu verwechseln. Es scheint unwahrscheinlich, dass die moderne juristische Personenschaft von Unternehmen – das Recht, als Mensch betrachtet zu werden und Menschenrechte wie unbegrenzte Redefreiheit und politischen Einfluss zu erhalten – von eingetragenen Unternehmen geerbt worden wäre. Zumindest könnte es einen expliziteren Kompromiss gegeben haben, dass sie als juristische Personen betrachtet werden, wenn – und nur wenn – sie bestimmten Standards guten Verhaltens zustimmen. Sie konnten nur dann Bürger sein, wenn sie sich wie Bürger verhielten.

Dies sind Unfälle der Geschichte. Die Regeln sind nicht unveränderlich, genauso wenig wie die Ereignisse, die sie hervorgebracht haben, unvermeidlich waren. Wir haben bereits eine Reihe anderer Möglichkeiten gesehen, die sich stattdessen hätten ergeben können. Wäre die Versicherung auf Gegenseitigkeit im Westen gewachsen, wie sie es in Skandinavien tat, wenn sie nicht auf den Widerstand von George Bernard Shaw und den Fabians in Großbritannien gestoßen wäre?[76] Hätten Unternehmen dauerhafte Rechte an ihren Investitionen erhalten, anstatt der 20 Jahre, die sie derzeit als Investitionshorizont haben, wenn diese Ideen entwickelt worden wären, um den Bedürfnissen der Industrialisierung zu entsprechen – anstatt der imperialen Expansion in Indien oder der Neuen Welt?

Nachdem wir uns nun an die Idee gewöhnt haben, *konstitutive Regeln* so zu verändern, dass Märkte den Bedürfnissen der Gesellschaft dienen, können wir einen Schritt weiter gehen. Jetzt werfen wir einen Blick darauf, wie Geld und Steuern möglicherweise anders beschaffen sein könnten.

Alternative Möglichkeiten, Geld zu betrachten – Option 1. Kreditlenkung.

Kreditlenkung ist in fortgeschrittenen Volkswirtschaften wie den USA, Europa und Asien gang und gäbe. Dazu gehört zum Beispiel die Unterdrückung der Kreditschöpfung zu spekulativen Zwecken. Kürzlich hat das Financial Policy Committee der Bank of England die Befugnis eingeführt, die sektoralen Mindestreserveanforderungen für Banken zu variieren, so dass sie die Kreditvergabe an einen Wirtschaftssektor einschränken können, der „überhitzt" zu sein scheint. In der Zwischenzeit hat die chinesische Zentralbank ein Instrument für grüne Kredite eingeführt, um die Umweltleistung von Unternehmen direkt zu verbessern. Sie könnte den Banken Anreize geben, Kredite an kleine und mittlere Unternehmen zu vergeben, und tut dies auch manchmal, oder sie fördert mehr kleine, lokale oder regionale Banken, die Anreize haben, langfristige lokale Kundenbeziehungen aufzubauen. Es wäre möglich, mehr Kreditrichtlinien einzurichten, um die Märkte so zu lenken, dass sie unseren Bedürfnissen und Zielen dienen.

Alternative Wege, Geld zu sehen – Option #2. Staatliche Kreditaufnahme direkt bei Geschäftsbanken.

Wenn Regierungen Finanzmittel aufnehmen, indem sie sich an den Anleihemärkten verschulden, erhöht dies nicht das Geldangebot. Aber Finanzministerien könnten sich direkt bei Geschäftsbanken verschulden, z.B. durch langfristige Kreditverträge zu niedrigen Zinssätzen. Dieses politische Instrument könnte in Zeiten der Rezession eingesetzt werden, insbesondere nach einer Bankenkrise. Wenn Banken eine hohe Zahl von Kreditausfällen erleiden, werden ihre Bilanzen geschwächt und sie beginnen, bei der Kreditvergabe sehr viel vorsichtiger zu sein. Aber sie müssen Kredite vergeben, um die Wirtschaft aus der Rezession heraus zu stimulieren. Die Kreditaufnahme des Staates bei den Banken kann die Geldmenge in der Wirtschaft erhöhen und gleichzeitig die Qualität der Aktiva der Banken verbessern – denn der Staat ist ein kreditwürdigerer Kreditnehmer als Unternehmen oder Privatpersonen. Kredite an Regierungen würden unter Basel III (dem globalen, freiwilligen Regelwerk) als höchste Klasse von risikogewichteten Vermögenswerten eingestuft werden, was den Banken helfen würde, höhere Eigenkapitalquoten zu erfüllen. Eine ähnliche Strategie wurde zuletzt in Großbritannien während des Zweiten Weltkriegs unter der Leitung von John Maynard Keynes verfolgt. Ein solcher Ansatz beinhaltet die Schaffung brandneuer Kaufkraft für die Regierung, anstatt Kaufkraft aus dem privaten Sektor umzuverteilen, wie es die Banken tun, wenn sie Anleihen ausgeben.

Alternative Betrachtungsweise von Geld – Option #3. Kreditschöpfung der Zentralbank für öffentliche Ausgaben.

Wie wir gesehen haben, haben Zentralbanken die Macht, Geld auf die gleiche Weise zu schaffen wie Geschäftsbanken (oder jedes andere Unternehmen), indem sie ihre Bilanzen ausweiten. Die Quantitative Easing (QE)-Politik der Bank of England, der Federal Reserve, der Europäischen Zentralbank und der Bank of Japan zeigt, dass in Krisenzeiten nichts die Zentralbanken daran hindert, große Mengen an Krediten zu schaffen, um das bestehende Finanzsystem zu stützen. Das Problem ist, dass die Art der QE-Politik, die sie anwenden, das Wachstum des BIP und die Beschäftigung nicht anzukurbeln scheint, weil die zusätzliche Kaufkraft im Finanzsektor *verbleibt*, wenn das Vertrauen der Banken und Investoren niedrig ist.

Eine andere Möglichkeit, wie das derzeitige System verbessert werden könnte, wäre, die Zentralbank zu beauftragen, Kredite direkt in die Realwirtschaft für Investitionen zu vergeben, wenn die Produktion unter ihrem Potenzial liegt. Die direkte Kreditvergabe an Sektoren, die schwach sind und über freie Kapazitäten verfügen, sollte keine allgemeine Preis- oder Lohninflation verursachen.

Dafür gibt es eine Reihe von historischen Beispielen, u.a. Australien von 1914-24 und Neuseeland in den 1930er Jahren, als die Kreditschöpfung der Zentralbank den Wohnungsbau und die Aufrechterhaltung der Lebensmittelpreise sowie die Kosten des Krieges finanzierte. In Kanada spielte die Zentralbank von den 1940er bis in die 1970er Jahre eine Schlüsselrolle bei Investitionen in die Infrastruktur, insbesondere über die Canadian Industrial Development Bank.

Alternative Betrachtungsweisen von Geld – Option #4. Regionale oder lokale Geldsysteme.

Schließlich gibt es eine Reihe historischer und bestehender nichtstaatlicher „lokaler" oder „Gemeinschafts"-Währungen. Dabei handelt es sich um Tausch- und Zahlungssysteme, bei denen Geld von nicht-staatlichen und nicht-bankgestützten Akteuren ausgegeben wird. Solche Währungen werden als „Common Tender" bezeichnet, um sie von Fiat-Währungen oder gesetzlichen Zahlungsmitteln zu unterscheiden, und werden auch allgemein als „Komplementärwährungen" bezeichnet, um zu zeigen, dass sie mit nationalen Fiat-Währungen zusammenarbeiten, anstatt diese vollständig zu ersetzen.

Sie konzentrieren sich oft speziell auf die Erfüllung der „Tauschmittelfunktion" des Geldes und haben Bestimmungen, die verhindern sollen, dass Menschen die Währung als Wertaufbewahrungsmittel horten.

Die bekanntesten Beispiele stammen aus der Zeit der Großen Depression, als sowohl in den Vereinigten Staaten als auch in Europa „Stamp Scrip"-Währungen ausgegeben wurden, um Unternehmen und die lokale Produktion zu unterstützen, als die nationalen Währungen aufgrund der Deflation knapp wurden. Einer der Überlebenden dieser Zeit ist der Schweizer WIR-Kreditverrechnungskreis, der 1934 gegründet wurde. Dabei handelt es sich um ein gegenseitiges Kreditsystem, bei dem die WIR-Genossenschaftsbank Kreditlinien einräumt, die auf Schweizer Franken lauten, aber nicht in diese umgetauscht werden können.

Dann haben wir digitale Währungen. Viele digitale Währungen sind nur schicke Versionen ihrer nicht-digitalen Schwestern, aber hochentwickelte Blockchain-Technologien eröffnen interessante Möglichkeiten. Mit Hilfe der Krypto-Technologie kann man digitale Währungen transparent oder intransparent machen. Bei einem nicht-transparenten Kryptowährungssystem, wie Bitcoin, besteht das Ziel darin, die Währung sicher, aber anonym zu machen. Diese Art von Technologie ermöglicht es, die Gültigkeit und Integrität eines Besitzes zu überprüfen, aber gleichzeitig anonyme und nicht zurückverfolgbare Transfers von digitalen Geldern zu ermöglichen.

Dies hat natürlich einen großen Reiz für unseren Wunsch nach Privatsphäre in einer Welt, in der wir mehr und mehr von privaten und öffentlichen Interessen überwacht werden. Aber es wäre naiv zu glauben, dass in der heutigen internationalen Bankenlandschaft, in der keine Überweisungen über den Wert von ca. $10.000 getätigt werden können, ohne dass eine vollständige „Anti-Geldwäsche"-Erklärung eingereicht und genehmigt wurde, die USA oder andere wichtige Staaten das Entstehen eines de facto alternativen internationalen „Schwarzgeld"-Zahlungssystems akzeptieren würden. Das wäre wie die Wiedereinführung des alten Systems der anonymen Schweizer (und ähnlicher) „Nummernkonten", das durch internationale Verträge in den letzten zwanzig Jahren abgeschafft wurde, um „illegale" Zahlungen zu verhindern.

Auf Gedeih und Verderb sehe ich die Zukunft digitaler Währungen so, dass wir anstelle von Anonymität die Entwicklung des Potenzials für Transparenz sehen werden. Diese transparenten digitalen Währungen könnten von lokalen oder globalen privaten Akteuren ausgegeben werden, wie eine Gemeinschaftswährung oder von einem internationalen Zahlungssystem wie Visa oder Master Card. Oder sie könnten von Staaten herausgegeben und abgesichert werden. China, Schweden und andere Länder experimentieren derzeit mit solchen staatlich gestützten digitalen Währungen.

Digitale Währungen eröffnen auch die Möglichkeit für wirklich innovatives Denken über Geld. Wie wäre es mit einer digitalen Währung, die jeden Monat automatisch 1% ihres Wertes verliert? Das würde vom Horten abschrecken und Anreize für Investitionen in Sachwerte schaffen. Eine solche entwertende Währung könnte wahrscheinlich von einem Staat ohne Inflationsrisiko „gedruckt" und vielleicht zur Finanzierung eines universellen Grundeinkommens verwendet werden. Könnten innovative digitale Währungen die Art und Weise ändern, wie wir glauben, dass der Staat Steuern erheben muss, bevor er ausgeben kann? Vielleicht die Abschaffung aller Steuern zugunsten eines Systems, in dem der Staat einfach ständig eine Art verfallendes digitales Geld „druckt"?

Eine weitere innovative Möglichkeit, transparente digitale Währungen zu nutzen, ist das Potenzial einer solchen Währung, viele Aspekte ihres historischen Ursprungs und ihrer Verwendung zu verfolgen. Wie wir in diesem Buch gesehen haben, war eine der ursprünglichen Stärken der Innovation des Geldes die Möglichkeit, einen riesigen menschlichen Werte-Raum auf nur eine Dimension zu reduzieren – den Preis. Diese Reduktion erwies sich als äußerst effizient, aber wir beginnen nun zu verstehen, dass dabei eine Menge wertvoller Informationen verloren gingen. Ökologische Externalitäten sind das offensichtlichste Beispiel. Könnte also die Fähigkeit digitaler Währungen, riesige Mengen historischer Informationen zu sammeln und zu speichern, es ermöglichen, Märkte zu schaffen, die nicht nur über eine Dimension, den Preis, sondern über mehrere Wertdimensionen abrechnen, die viele, manchmal widersprüchliche, menschliche Werte und Prioritäten berücksichtigen? Würden KI und intelligente Algorithmen helfen, einen solchen Markt möglich zu machen?

Verschiedene Formen der Besteuerung

Ein weiterer Bereich, in dem wir an den Marktregeln herumbasteln könnten, ist die Besteuerung. Wir müssen uns daran erinnern, dass die Macht des Marktes nicht nur darin besteht, Wohlstand zu schaffen, sondern auch, ihn zu verteilen. Der Markt hat zwei unsichtbare Hände. Das gibt uns einen gewissen Spielraum für Veränderungen.

Die Steuern sind traditionell der Bereich, in dem Ökonomen versuchen, die schlimmsten Probleme, die der Markt hinterlässt, anzugehen. Dazu gehört eine Dosis von meist recht unpopulärer Umverteilung. Die meisten Ökonomen sind sich einig, dass Steuern den Markt verzerren und seine Effizienz eher negativ beeinflussen. Es wäre vielleicht besser, wenn wir die Regeln des Marktes so gestalten würden, dass er durch seine internen Abläufe und von Anfang an verteilt – eine Praxis, die unter dem Kürzel „Vorverteilung" bekannt geworden ist –, um zu vermeiden, dass eine massive Umverteilung vorgenommen werden muss, nachdem sich der Markt selbst organisiert hat.

Das würde dazu beitragen, das sehr menschliche Gefühl zu vermeiden, dass uns etwas, das wir verdient haben, weggenommen wurde. Dies ist nur ein psychologischer Aspekt. Aber wie wir in der Verhaltensökonomie gesehen haben, spielt die Psychologie auf dem Markt eine Rolle. Hätten wir den Markt von Anfang an besser definiert, bräuchten wir in der Tat keine so umfangreiche Umverteilung. Es ist wirklich nicht klug, gegen die menschliche Psychologie zu verstoßen. Die Steuereintreiber für die antiken und mittelalterlichen Könige hatten keine Möglichkeit, den chaotischen Prozess des tatsächlichen Einsammelns der Besitztümer der Menschen zu vermeiden. Die Könige waren „stationäre Banditen", die ihre Bevölkerungen praktisch ausraubten, um ihre eigene Macht und ihren Konsum zu finanzieren. Die Tatsache, dass wir heutzutage überhaupt Steuern eintreiben, liegt in Wirklichkeit daran, dass die mittelalterlichen Könige es auf diese Weise getan haben. Wir haben nur ihr System geerbt, und es mag bessere geben. Ein besserer Weg, es zu tun, könnte sein, es in die Art und Weise einzubauen wie wir Eigentumsrechte gewähren. Wenn wir, das Volk, kein Eigentumsrecht an Grund und Boden gewähren würden, das länger als 50 oder 99 Jahre dauert, kämen alle langfristigen, unverdienten Steigerungen des Bodenwerts, die durch das natürliche Wachstum der Städte entstehen, uns allen zugute.

Wenn wir als Volk, in ähnlicher Weise, ein Eigentumsrecht in Form eines Patents gewähren würden, könnte der einzelne Inhaber das Recht erhalten, von einem nicht natürlichen Monopol für die Nutzung der Erfindung für sagen wir zehn Jahre zu profitieren. Aber danach würden die Einnahmen für die nächsten fünf Jahre für das

Gemeinwohl sein, als eine Art Rückzahlung all der Vorteile, die dem Erfinder aus den Arbeiten früherer Generationen von Erfindern und Denkern erwachsen, die für seine Erfindung notwendig waren. Nach insgesamt 15 Jahren wird die Innovation dann Public Domain und kann von anderen Erfindern zum Wohle der Menschheit frei weiterverwendet werden.

Oder, warum nicht alle natürlichen Ressourcen wie Mineralien, Öl, Wasser und saubere Luft zum Eigentum der Erde als ein separates Rechtssubjekt deklarieren. Warum sollten sie das Eigentum eines bestimmten Landbesitzers oder Inhabers einer Landpacht sein? Die Gelder, die durch den Verkauf von Ausbeutungsrechten generiert werden, würden nur einen kleinen Gewinn abwerfen, der gerade ausreicht, um das Unternehmen rentabel zu machen. Der Rest würde treuhänderisch zum Wohle der Erde und aller ihrer Bewohner verwaltet: Pflanzen, Tiere und Menschen gleichermaßen.

Die Beispiele können noch unrealistischer und utopischer gestaltet werden, und auch hier sind die genauen Maße nicht wichtig. Ich mache keine konkreten Vorschläge für Gesetzesänderungen. Ich versuche zu zeigen, dass andere Denkweisen möglich sind, denn der Markt und die Steuersysteme sind soziale Konstrukte mit Regeln, die in vielen Fällen völlig überholt sind und aus historischen Gründen eingeführt wurden (oft zum Nutzen längst vergangener Machteliten). Die Hindernisse liegen vor allem in unserer Unfähigkeit, dies zu sehen.

Um jetzt in der Gesellschaft zu leben und sie für die Zukunft zu gestalten, müssen wir unsere Fähigkeiten kultivieren, über den Tellerrand hinauszuschauen, uns zu erlauben, wieder davon zu träumen, unsere soziale Welt auf andere Weise zu organisieren. So wie wir es in der Geschichte schon so oft getan haben. Jetzt ist eigentlich ein guter Zeitpunkt, damit zu beginnen.

Lobbyismus verändert ständig den Markt

Es wird Kapitalinteressen geben – Menschen, die glühend an das Modell oder die Mythen, die dahinter stehen, glauben –, die nicht sehen wollen, dass der Markt sozial konstruiert ist. Sie werden sich beschweren, dass man nicht am Betriebssystem des Marktes herumfummeln kann. Es wird Leute in der politischen Elite geben, die ihnen aus Unwissenheit oder Bequemlichkeit zustimmen. Die Ironie liegt darin, dass während sie behaupten, dass die internen Regeln des Marktes in Stein gemeißelt sind, die reichsten Organisationen der Gesellschaft damit beschäftigt sind, genau diese zu manipulieren.

Im Jahr 2011 gaben in den USA die größten dreißig Unternehmen mehr für Lobbyarbeit aus, als sie Steuern zahlten. Große Ölkonzerne gaben allein im Jahr 2009 169 Millionen Dollar für Lobbyarbeit bei der US-Regierung aus. In den zehn Jahren zwischen 1998 und 2008 und dem Bankencrash gaben die US-Banken 3,4 Milliarden Dollar für Lobbyarbeit aus, um Änderungen der Marktregeln im Bankwesen zu erwirken. Ein großer Teil davon floss in die Vermeidung von Regulierungen für Derivate, die dann 2008 fast die Weltwirtschaft zum Einsturz gebracht hätten.

Wenn Konzerne nicht gerade Lobbyarbeit betreiben, arbeiten sie daran, einflussreiche Positionen innerhalb des Regierungsapparats zu erlangen, wo sie – direkt oder indirekt – Gesetze in ihrem Sinne umgestalten können. In Großbritannien sind Konzerne, die noch offene Steuerfragen mit den Steuereintreibern der Steuer- und Zollbehörde haben, nun innerhalb der Steuerbehörde involviert, um genau die gleichen Steuerbestimmungen neu zu entwerfen, die sie zu vermeiden versuchen. In den USA gibt es eine Drehtür zwischen dem Pflanzenkonzern Monsanto und den Lebensmittelbehörden. Sie finanzieren eine Lobbygruppe namens CropLife, deren Vizepräsident zu den Verhandlungsführern der US-Regierung in Sachen Agrarhandel gehört. Ein ehemaliger Vizepräsident von Monsanto ist jetzt stellvertretender Kommissar für Lebensmittelvorschriften bei der Food and Drug Administration.

Dieser Lobbyprozess findet unter dem Radar statt, unterstützt von Leuten, die öffentlich erklären, dass sich die Regierung vom Markt fernhalten sollte, während sie gleichzeitig Politiker dafür bezahlen, die Spielregeln zu ihren Gunsten zu verändern.

Können wir also Lobbying transparenter und kollektiver betreiben, dass die Regeln des Marktes mehr zur Förderung von Gerechtigkeit und anderen menschlichen Werten beitragen als nur zum wirtschaftlichen Profit? In einer postmodernen Welt scheint alles relativ zu sein. Können wir überhaupt versuchen, über eine gemeinsame Definition von Gerechtigkeit und anderen wichtigen menschlichen Werten zu sprechen? Es ist sicherlich nicht einfach, aber wir entwerfen in einem anderen Sinne bereits Gerechtigkeit – so wie wir Fairness und Gleichheit definieren – durch die Art und Weise, wie wir die Regeln des Marktes konstruieren.

Wir haben dies vielleicht nicht bewusst getan, aber wir haben es dennoch getan. Je mehr wir uns unserer Fähigkeit, den Markt zu konstruieren, bewusst werden, desto mehr können wir eine Art kollektive Wahlfreiheit zurückerobern, um die Zukunft zu gestalten. Es ist definitiv ein kniffliges politisches Problem. Wie können wir einen politischen Prozess, der den Markt gestaltet, vor den Augen der Öffentlichkeit und nicht hinter verschlossenen Türen führen? Wie können wir eine breite und faire Vertretung in einem solchen Prozess sicherstellen?

Die Frage ist nun, wie wir die internen Regeln und externen Vorschriften, die das Verhalten des Marktes bestimmen, so gestalten können, dass sie dem Markt helfen, das zu erreichen, was wir in unserer Gesellschaft wollen.

Eine Möglichkeit, dies zu tun, sind externe Regelungen, wie z. B. Verbotsverfügungen, um den Markt zu kontrollieren und zu regulieren. Das hat jedoch keine sehr gute Erfolgsbilanz. Verbote scheinen in der Regel große wirtschaftliche Interessen zu schaffen und die Rentabilität der Industrie zu erhöhen, mit dem Ergebnis, dass der Markt eine noch größere Kraft wird. Die Prohibition von Alkohol in den Vereinigten Staaten in den 1920er Jahren ist ein gutes Beispiel dafür, wie schlimm es werden kann, wenn als Reaktion auf das staatliche Verbot ein völlig unregulierter Schwarzmarkt für Alkohol entsteht. Der Untergrundmarkt schuf ernsthafte Probleme mit dem organisierten Verbrechen und Mafiabossen, die dadurch ungeheuer erfolgreich wurden. Sich solchen Marktkräften in den Weg zu stellen, ist vielleicht nicht der beste Weg nach vorne.

Aber es gibt eine andere Möglichkeit. Wir können versuchen, die Marktkräfte zu *verschieben*, indem wir die *internen Regeln* beeinflussen. Schauen Sie sich nur an, wie erfolgreich die Lobbyorganisationen sind, besonders in der amerikanischen Finanz-, Pharma- und Medienindustrie. Sie versuchen auf verschiedene Weise Einfluss zu nehmen, nicht zuletzt finanziell, in der Hoffnung, dass die Entscheidungen des Kongresses ihren Geschäften dienen. Offenbar funktioniert das für sie, wenn man nach den Summen urteilt, die für Lobbyarbeit ausgegeben werden.

Ich will die Lobbyisten nicht loben oder sie als Vorbilder vorschlagen, aber es ist sinnvoll, dass wir von denen lernen, die die internen Regeln gut genug verstanden haben, um sie zu ihrem eigenen Vorteil zu verändern. Wir müssen verstehen, so wie es die wirtschaftliche Machtelite bereits getan hat, dass politische Lobbyarbeit zur Veränderung der Marktkräfte möglich ist – damit der Markt für das funktioniert, was sie erreichen wollen.

Wenn die Wirtschaft das kann, dann kann es auch jeder andere versuchen. Aber diesmal nicht aus einer engen wirtschaftlichen oder interessengeleiteten Perspektive, sondern auf der Grundlage der Werte, die unserer Meinung nach in der Gesellschaft vorherrschen sollten. Je nachdem, wer „wir" sind, können diese Werte natürlich sehr unterschiedlich aussehen. Ich für meinen Teil möchte einen weniger ausbeuterischen, stabileren, fairen und nachhaltigen Markt. Die meisten von uns sollten sich darauf einigen können, meinen Sie nicht auch?

Die Strategie der Lobbyisten ist so erfolgreich, dass sie von denjenigen angewendet werden muss, die den Markt zum Wohle der Allgemeinheit verändern wollen. Wir alle sollten besser in der Lage sein, mit den sozialen Strukturen, die die Richtung der Gesellschaft beeinflussen, zu agieren. Mit anderen Worten, wir müssen uns bewusster an der sozialen Konstruktion der Realität beteiligen, was bedeutet, dass wir uns die sichtbaren Elemente ansehen – die Gesetze, sozialen Organisationen, Institutionen, Regeln und Vorschriften.

***

Die eigentliche Herausforderung besteht nicht darin, jemanden davon abzuhalten, den Markt zu gestalten, sondern dafür zu sorgen, dass die Gestaltung des Marktes demokratischer und transparenter erfolgt. Jetzt, wo wir den Markt ein bisschen besser verstehen, können wir diese Erkenntnisse nutzen, um eine effektivere Welt und eine bessere Wirtschaft zu erschaffen.

Damit sind wir bei der zentralen politischen Frage angelangt. Wer sollte über die Regeln des Binnenmarktes und ihre wichtigsten Ziele entscheiden? Wenn unsere Demokratie so funktionieren würde, wie sie sollte, würden vermutlich unsere gewählten Vertreter, Behörden und Gerichte die Regeln in etwa so festlegen, wie es die meisten von uns wollen – nämlich dass das Ziel eben das Gemeinwohl der Gesellschaft sein sollte. Die Wirtschaft würde für uns arbeiten; wir würden nicht für die Wirtschaft arbeiten.

Wie wir aber gesehen haben, ist das Problem, dass die Regeln hauptsächlich von denen gemacht werden, die die Macht und die Mittel haben, die Politiker, Behörden und Gerichte zu kaufen – und die Anwälte, die sie vertreten. Das mag keine Korruption im strengen juristischen Sinne sein – die Leute handeln so, weil sie den Markt nicht wirklich verstehen und glauben, dass sie das tun, was für den Wohlstand notwendig ist. Aber in dem Maße, wie sich Einkommen und Vermögen an der Spitze konzentriert haben, hat sich auch der politische Einfluss erhöht. Und die wichtigste Macht liegt in der Bestimmung der Spielregeln.

Diejenigen, die sich politisch dem verschrieben haben, was sie „freie Märkte“ nennen – in der Regel Konservative –, haben genauso viel Interesse an einer staatlichen Beteiligung an der Wirtschaft wie Progressive. Der Unterschied besteht darin, dass die Konservativen wollen, dass die Regierung auf eine Art und Weise eingreift, von der sie glauben, dass sie den produzierten Wohlstand maximiert, was als Nebeneffekt zu einer Wohlstandsverteilung nach oben führen kann.

Der andere Unterschied ist, dass die Konservativen klug genug sind, ihre Eingriffe zu verbergen, indem sie implizieren, dass die Strukturen, die das Einkommen nach oben umverteilen, nur das natürliche Funktionieren des Marktes sind. Progressive helfen dabei sogar der konservativen Sache, wenn sie sie beschuldigen, „Marktfundamentalisten" zu sein, indem sie nämlich implizieren, dass die Art und Weise, wie die Konservativen die Wirtschaft strukturieren, irgendwie sein natürlicher Zustand ist.

Dies ist nicht nur eine Frage des Framings, obwohl das Framing wichtig ist. Wirtschaftliche Ergebnisse, die das Ergebnis des natürlichen Funktionierens des Marktes zu sein scheinen, werden immer ansprechender klingen als die Machenschaften von Regierungsbürokraten, besonders in der politischen Kultur der Vereinigten Staaten. Wer schätzt schließlich nicht die Freiheit? Der grundlegende Irrtum besteht darin, zu glauben, dass „freie" Märkte die Freiheit fördern. Wenn wir konservative Interventionen als nichts anderes bezeichnen als den freien Markt, der sich selbst überlassen ist, dann bringen wir progressive Politik in einen enormen politischen Nachteil.

Aber die Verwirrung, die dieser fehlgeleitete Krieg gegen den Marktfundamentalismus bei der Gestaltung der Politik stiftet, ist noch gravierender als der politische Schaden. Progressive haben keinen Grund, auf die Regierung zu schauen, um Marktergebnisse umzukehren. Vielmehr sollten sie, wie ihre konservativen Gegner, nach Wegen suchen, wie sie die konstitutiven Regeln des Marktes so gestalten können, dass freie Märkte bessere, progressivere Auswirkungen auf die Welt haben.

Es ist weitaus produktiver, darüber zu sprechen, wie wir Marktmechanismen nutzen können, um das Gesundheitssystem grundlegend umzustrukturieren, als zu versuchen, ein paar Cent an Steuereinnahmen zusammenzukratzen, um ein kaputtes Gesundheitssystem noch ein paar Jahre aufrechtzuerhalten. Noch schlimmer ist es, über ein Verbot von Gewinnen in privaten Gesundheitsunternehmen zu diskutieren, wie es von marktfeindlichen Fundamentalisten in Schweden diskutiert wird. Derselbe Ansatz kann auf fast alle sozialen Probleme angewandt werden. Wir können und sollten auf eine progressive Besteuerung drängen, aber noch besser ist es, die institutionellen

Strukturen zu ändern, die zu grober Ungleichheit oder anderen unerwünschten Mustern führen. Es geht wieder um Vorverteilung.

Wir besitzen den Markt!

Verfügen wir über den Markt oder verfügt der Markt über uns? Das ist eine dringende Frage für uns alle und grundlegend für die kopernikanische Wende in der Wirtschaft.

Wenn die Eigentümer eines komplexen Systems nicht mehr die geistige Fähigkeit haben, dieses System zu überblicken und zu verstehen, dann kann das System auch nicht mehr vereinfacht oder verbessert werden. An einem solchen Punkt kann es nur noch notdürftig geflickt werden, was es noch komplizierter macht. Bald versteht niemand mehr, warum das System nicht effektiv funktioniert – und die reichsten Akteure auf dem Markt können sich das nötige Wissen kaufen, um die Regeln zu ihrem Vorteil zu manipulieren.

Vergleichen Sie unser heutiges globales Marktsystem mit dem alten System einer Planwirtschaft. Im planwirtschaftlichen System stehen die politischen Entscheidungsträger vor einem großen Problem. Sie müssen das gesamte Angebot und die gesamte Nachfrage für alle Produkte und Dienstleistungen kennen, um zwischen ihnen Prioritäten setzen zu können. Dieser Ansatz wurde schnell zu einer zu komplexen Aufgabe.

Vor hundert Jahren wäre es vielleicht noch möglich gewesen, das marktwirtschaftliche System als Ganzes zu managen. Es war sicherlich einfacher, dies anzustreben. Zu dieser Zeit war es noch möglich, in linearen Zusammenhängen zu denken. Zentrale Planung funktionierte einigermaßen passabel. Aber in den letzten fünfzig Jahren wurde die Welt zu komplex für lineares Denken und zentrale Planung. Die Sowjetunion brach zusammen, als dieses Denken nicht mehr funktionierte. Die Welt war zu komplex geworden, und die Komplexität hatte die Idee einer Planwirtschaft getötet. Diese Planung musste zugunsten eines sich selbst organisierenden komplexen Systems aufgegeben werden: dem Markt. Während es umstritten ist, ob Neugierde die Katze tötet, tötet Komplexität sicherlich den Kommunisten.

Aber das ist noch nicht das Ende der Geschichte, denn der Markt, wie wir ihn kennen, steht vor dem gleichen Problem. Es geschah zwar etwas später, aber es geschah genauso sicher. Eine Marktwirtschaft hat den fundamentalen Vorteil, dass die Verteilung der Ressourcen unter den meisten Bedingungen automatisch geschieht. Es ist nicht notwendig, das ganze System zu managen, damit die Verteilung stattfindet. Niemand muss sich einen Überblick über die Marktwirtschaft verschaffen, aber das ist sowohl eine Stärke als auch eine Schwäche.

Es ist eine Schwäche, weil wir glauben, dass es ausreicht, wenn wir uns nur um unser eigenes kleines Stück kümmern und uns sagen, dass sich der Rest einfach von selbst regeln wird. So nehmen wir den Markt in unserem alltäglichen Leben wahr. Wenn wir aber den Blick auf die nächste systemische Ebene, die der politischen Prozesse, heben, treffen wir ständig Entscheidungen über Marktregeln, die die Ergebnisse und die Verteilung des Marktes beeinflussen. Auf dieser Meta-Ebene ist der Markt extrem komplex und wir müssen eine Systemsicht haben, um ihn auch nur ansatzweise zu erfassen.

Nun ist es wichtig, sich den Unterschied zwischen einem *natürlichen* selbstorganisierenden komplexen System und einem *sozial konstruierten* selbstorganisierenden komplexen System vor Augen zu halten. Im ersten Fall, wie bei der Evolution des Lebens oder der komplexen Anordnung des Bewusstseins, können wir Menschen nichts anderes tun, als zu beobachten, wie sich das System unter den von der Natur vorgegebenen Rückkopplungsschleifen selbst organisiert. Wenn es aber um sozial konstruierte, sich selbst organisierende komplexe Systeme geht, ist es wichtig zu bedenken, dass wir es sind, die kollektiv über die vielen Rückkopplungsschleifen im System entscheiden. Unterschiedliche konstitutive Regeln führen zu unterschiedlichen selbstorganisierenden Mustern – unterschiedlichen Marktergebnissen. Um Entscheidungen über die Regeln im Markt treffen zu können, müssen die Entscheidungsträger über die Auswirkungen der Marktregeln auf Angebot, Nachfrage und Verteilung der Marktprodukte und -dienstleistungen Bescheid wissen, damit sie zwischen ihnen abwägen können. Die schiere Komplexität macht die Aufgabe nun extrem schwierig, sowohl die Auswirkungen vorherzusagen als auch die Änderungen umzusetzen. Man wird Erkenntnisse aus der Verhaltensökonomie, der Komplexitätsökonomie und der Institutionenökonomie nutzen müssen - mindestens. Für unsere Politiker ist es vielleicht schon zu schwierig, damit umzugehen.

Während der Markt von jener Selbstorganisation gesteuert wird, die wir als „unsichtbare Hand" bezeichnen, gibt es keine entsprechenden unsichtbaren Kräfte – abgesehen von den Lobbyisten –, die den Politikern beim Aufbau des Marktes helfen. Dennoch *ist* es, ob sie sich dessen bewusst sind oder nicht, ihre Aufgabe, den Markt zu schützen und zu entwickeln. Es ist eine enorm komplexe Herausforderung, der man sich stellen muss – denn wenn es uns nicht gelingt, den Markt zu entwickeln, um unsere globalen Herausforderungen zu bewältigen, von denen eine komplizierter ist als die andere, *wird der Markt bald auf die gleiche Weise degenerieren, wie die Planwirtschaft degenerierte, als die Planer von der Komplexität überfordert waren.*

Die Auswirkungen dieser Degeneration werden sich vielleicht nicht als Versorgungsengpässe in unseren Geschäften manifestieren, eher im Gegenteil. Die Auswirkungen werden sich höchstwahrscheinlich als ökologischer und sozialer Kollaps der Welt, wie wir sie kennen, zeigen.

Der Unterschied besteht jetzt nur darin, dass es kein konkurrierendes System gibt, das unsere degenerierte Marktwirtschaft übertrumpfen könnte, so wie die westliche Marktwirtschaft die Planwirtschaft des ehemaligen Sowjetblocks übertrumpft hat. Wäre die Planwirtschaft nicht mit dieser Konkurrenz konfrontiert gewesen, hätte sie mit ziemlicher Sicherheit überlebt – nur wäre sie dauerhaft ineffizient geblieben und hätte große Teile der Bevölkerung langsam verhungern lassen.

Jede effektive Evolution setzt Wettbewerb voraus. Wo ist der Konkurrent zu unserem degenerierten Markt? Könnten wir uns dazu durchringen, die Probleme des Marktes anzugehen, ohne dass ein bereits existierendes konkurrierendes Marktsystem in den Startlöchern steht? Werden wir den Unternehmergeist haben, die schiere Komplexität des Marktsystems zu erkennen und zu bewältigen?

***

Und dann gibt es noch ein anderes kritisches Element, das allmählich in Vergessenheit gerät, nämlich dass unser wichtigstes Werkzeug zur Bewältigung dieser Aufgabe die moderne repräsentative Demokratie ist. Der Markt gehört schließlich den Menschen. Doch aus den bereits genannten Gründen ist dieser Gedanke für Politiker und viele andere extrem schwer zu verstehen. Diejenigen, die ihn verstehen, tun sich schwer, nicht als Reaktionäre oder Kommunisten, zumindest aber als Sozialisten zu erscheinen. Es scheint nicht gerade angemessen oder sogar vernünftig zu sein, den Markt formen zu wollen – auch wenn diese Gestaltung direkt vor ihrer Nase stattfindet, zwischen Beamten und Lobbyisten. Es fehlt ein gemeinsames Verständnis und eine gemeinsame Sprache für das Marktsystem, die helfen können, es zu modernisieren und zu schützen.

Den Markt zu entwickeln heißt, ihn zu schützen. Nicht nur, dass Politiker, die seine Komplexität nicht verstehen, von Interessen, die sie verstehen, manipuliert werden, sondern die Unfähigkeit, mit der schwindelerregenden Komplexität der heutigen und zukünftigen Gesellschaft umzugehen, führt zwangsläufig zu einer Verschlechterung. Solche Entwicklungen werden das Marktsystem in politische Ungnade fallen lassen und alles in Frage stellen. Es wird noch mehr Rufe nach externer Regulierung und Umverteilung geben. Aber solche Lösungen bergen die große Gefahr, die selbstorganisierende Effizienz des Marktsystems zu mindern. Deshalb müssen wir uns der Herausforderung stellen, den Markt bewusst und kollektiv weiterzuentwickeln, und zwar mit unseren besten Köpfen und unserem besten Willen.

Wir brauchen den Markt, damit er funktioniert – langfristig und für alle. Wir brauchen Menschen, die sich um ihn kümmern und ihn zum Wohle aller gestalten können. Wir brauchen ihn, um die Effektivität der Gesellschaft voranzutreiben, die für unser Überleben und unser

Glück unerlässlich ist. Gleichzeitig müssen wir sicherstellen, dass es ökologische, soziale und individuelle Nachhaltigkeit, Widerstandsfähigkeit und Wohlstand fördert. Kurz gesagt, wir müssen Entscheidungen treffen, die beeinflussen, wie der Markt funktioniert, und das jeden Tag. Die kopernikanische Revolution in der Wirtschaft wird kommen, wenn wir alle, wie einst Moses, erkennen, dass nicht der Markt im Zentrum unseres sozialen Universums steht, sondern wir Menschen selbst. Sie wird kommen, wenn wir unsere systemische Freiheit erkennen und ausüben, unseren Markt von innen heraus zu gestalten.

Diese neu gefundene systemische Freiheit kann nur kollektiv ausgeübt werden. Wir müssen uns irgendwie kollektiv darauf einigen, was für einen freien Markt wir haben wollen. Wenn uns das gelingt, haben wir eine neue Stufe der menschlichen Freiheit erreicht.

Nachwort

Unser Bedürfnis nach einer neuen Meta-Erzählung

„Das Leben wird nie durch Umstände unerträglich, sondern nur durch das Fehlen von Sinn und Zweck ... Wer ein 'Warum' zum Leben hat, kann fast jedes 'Wie' ertragen ...“

Viktor Frankl, Die Suche des Menschen nach dem Sinn, 1984

Ich habe bereits erwähnt, dass ich glaube, dass sich die Menschheit von der *Unkenntnis* der Ökonomie und des Marktes hin zum Verständnis des Marktes als eigenes System im klassischen Modell entwickelt hat. Und dass wir erst jetzt entdecken, wie die wirtschaftliche Realität, die wir für selbstverständlich gehalten haben, in Wirklichkeit die ganze Zeit über unsere eigene Schöpfung war.

In der Sprache des Entwicklungspsychologen Robert Kegan[77] beginnen wir gerade erst, uns von einem Zustand, in dem diese Weltanschauung uns „hat“ (in dem Sinne, dass sie die Struktur unserer Aufmerksamkeit, unsere Wertwahrnehmung und unseren Sinn für das Mögliche prägt), zu einem Zustand zu bewegen, in dem wir diese Weltanschauung „haben“ – in dem Sinne, dass wir sie frei und flexibel wählen können.

Wenn wir erkennen, dass die Art und Weise, wie sich der Markt selbst organisiert, immer auch eine Funktion nicht nur individueller Konsumentscheidungen, sondern ebenso kollektiver politischer Entscheidungen über die konstitutiven Regeln ist, werden wir uns nicht mehr hinter einem Konzept eines „freien" Marktes verstecken können. Wir Menschen müssen die Verantwortung für die Resultate des Marktes übernehmen. Dazu brauchen wir eine Art Bezugsrahmen, von dem aus wir den Markt beurteilen können. Wir brauchen einen Bezugsrahmen, der größer ist als der Markt – eine Meta-Erzählung, die größer ist als der Markt.

Meine Sorge für unsere Gesellschaft sind nicht so sehr die verschiedenen äußeren Bedrohungen, mit denen wir konfrontiert sind, sondern eher die Art von Leere und Sinnlosigkeit, die die Gesellschaft von innen heraus zerstören kann. Der Rahmen, den wir heute haben – die Markterzählung – ist zu dünn.

Der Philosoph Karl Popper beschrieb 1945 die Schwierigkeit des Marktes – nicht bei der Erzielung von Effizienz – sondern wenn es darum geht, Bedeutung, Sinn oder Wertesysteme zu erzeugen. In seinem Hauptwerk *Die offene Gesellschaft und ihre Feinde* warnte er vor den klassischen totalitären Formen sozialer Kontrolle, aber auch vor diesem Mangel an Sinn.[78] In früheren Gesellschaften sei der Mangel an Nahrung und materiellen Gütern das drängendste Problem gewesen; die reichsten Gesellschaften stünden nun vor einem Mangel an Sinn und Bedeutung.[79] Die Marktlogik hat die Rolle der Bürger zu passiven Konsumenten degradiert.

Das gilt sogar für die politische Ebene, wo von den Bürgern erwartet wird, dass sie den politischen „Einkaufswagen" zwischen den Produzenten politischer Güter hin und her schieben. Wenn es um Religion geht, werden sie darauf reduziert, ein individuelles Produkt zu wählen, das auf ihre persönlichen Bedürfnisse ausgerichtet ist. Sogar unser Liebesleben wird auf eine Ware reduziert, bei der potenzielle Partner als Produkte betrachtet werden, die man behalten oder wegwerfen kann und die nur selten die Marketingversprechen von Zeitschriften und Medien einhalten.

Das Marktsystem braucht keinen Sinn, um zu funktionieren, aber sowohl die Gesellschaft als auch der Einzelne brauchen ein symbolisches System, um Sinn zu schaffen. Wir müssen uns in einem Kontext bewegen, um zu wissen, dass wir Teil von etwas Sinnvollem sind, etwas, das größer ist als wir selbst, das unser Leben einrahmt und uns Sprache und Bezugspunkte bietet, um es zu verstehen und zu navigieren. Ohne einen solchen größeren Rahmen zerfällt die Gesellschaft in eine Ansammlung von Individuen, die bloße Wirtschaftseinheiten auf dem Markt sind. Eine Gesellschaft kann nicht nur aus Konsumenten und Produzenten bestehen, und doch ist dies die Vision unserer Welt, die unter der aktuellen marktliberalen Weltanschauung gefördert wird. Wie zu Beginn dieses Buches besprochen ist eine Definition des Mythos genau dieser größere Rahmen: die ultimative Rechtfertigung und die letzte Autorität in einer Gesellschaft. Diese Art von Mythos liefert die Meta-Erzählung – die große Geschichte –, die unsere Gesellschaft auf eine vielleicht willkürliche, aber auch notwendige Weise zusammenhält. Der amerikanische Soziologe Peter Berger nennt ihn „heilig", weil es nichts gibt, was über ihn hinausgeht und uns helfen könnte, ihn zu bewerten.[80] Der Mythos ist unantastbar und entzieht sich unseren Urteilen. Er „ist einfach so". Er schirmt uns vor der Tatsache ab, dass wir unsere eigene ultimative Autorität bereitstellen müssen, auf der wir unsere ansonsten völlig willkürliche Gesellschaft aufbauen. Wie ein „heiliger Baldachin" schützt es uns vor unserer kollektiven existenziellen Leere: Es verbirgt die Tatsache, dass es ganz an uns liegt, das symbolische System zu schaffen, in dem menschliche Werte, Sinn und Zweck geformt werden können. Einerseits leben wir alle in unserer eigenen, separaten inneren Welt mit unseren eigenen Werten und unserem eigenen Sinn. Nur ich kann meine Werte, Gedanken und Gefühle haben. Andererseits brauchen wir Sprache und gemeinsame Bezugsrahmen, um uns mitzuteilen und uns verständlich zu machen. Sprache und gemeinsame Bezugsrahmen brauchen wir auch, um uns einen Sinn in der Welt um uns herum zu machen. Dieses System aus Sprache, Symbolen und der dazugehörigen Meta-Erzählung, die Bezugspunkte und Verständnis liefert, ist per Definition ein gemeinsames kollektives Gut, das, wie alle anderen kollektiven Güter, nicht vom Markt produziert werden kann. Wir müssen nun andere Wege finden, es zu produzieren.

Jede Gesellschaft, jede Kultur, hat ihre eigene äußere Grenze: ihr Meta-Narrativ. Für unsere entstehende globale Gesellschaft ist es der Markt. Nach dem Fall der Berliner Mauer 1989 gab es nur noch diesen einen Kandidaten für ein globales Meta-Narrativ. Der Markt beanspruchte, der ultimative „heilige Baldachin“ zu sein. Dies war das „Ende der Geschichte“.[81] Dies würde suggerieren, dass wir unsere Suche nach kollektivem Sinn aufgegeben haben und sie durch das Streben nach individuellem Nutzen ersetzt haben. In der Praxis dient der Markt demselben Bedürfnis nach einer neuen Metaerzählung, wie es einst Gott oder die Wissenschaft taten: uns mit einer externen ultimativen Autorität zu versorgen. Wir sind wieder dazu übergegangen, unter falschen Absolutheiten zu leben, anstatt authentisch zu leben, wie es die existenzialistischen Philosophen von uns verlangten. Wir glauben, dass der Markt irgendwie und auf einzigartige Weise „einfach ist“. Wir sind, kurz gesagt, *immer noch von unserer systemischen Freiheit entfremdet*: der Freiheit, die wir nur kollektiv ausüben können, um die inneren Abläufe unserer sozial konstruierten Systeme zu verändern.

Bisher haben wir das in der Geschichte so gehandhabt, dass wir so getan haben, als gäbe es diese Freiheit nicht. Wir haben unsere Entscheidungen auf eine externe „ultimative Autorität“ verschoben, die in verschiedenen Gesellschaften und zu verschiedenen Zeitpunkten in der Geschichte unterschiedlich geartet war: Gott, Wissenschaft oder der Markt – um mit jedem Schritt die Komplexität unserer Meta-Erzählung zu erhöhen, um der zunehmenden Komplexität unserer Welt gerecht zu werden. Und jetzt müssen wir das wieder tun. Wir brauchen einen größeren kollektiven Bezugsrahmen.

Der Markt hat sich als die unreflektierte Antwort auf unser Bedürfnis nach kollektiver Koordination in der heutigen Welt und unser Bedürfnis nach einer ultimativen Autorität entwickelt. Als ultimative Autorität ist der Marktmythos sehr mager. So effizient der Markt bei der Zuteilung privater Güter auch ist, so schlecht ist er darin, einen befriedigenden Schutzschild gegen unsere kollektive existenzielle Leere zu bieten. Und viele können jetzt die Risse in diesem Schild spüren. Dieser übergreifende gesellschaftliche Mythos muss sich mit der wichtigen gemeinsamen Frage der Effizienz befassen, aber auch mit Fragen zu anderen gemeinsamen menschlichen Werten wie Gerechtigkeit, Gleichheit und Sinn. Kollektive Fragen wie „Wie bringen wir unsere heutigen Bedürfnisse mit den Bedürfnissen zukünftiger Generationen in Einklang?" erfordern einen größeren Rahmen, um beantwortet zu werden.

Die Herausforderung besteht darin, dass wir jetzt die richtige postmoderne Einsicht haben, dass alle solchen Rahmen, alle Meta-Narrative, auch menschengemachte soziale Konstrukte sind. Das zwingt uns dazu, uns auf den Prozess der selbstbewussten Formulierung eines neuen Meta-Narrativs zu konzentrieren.

Hayek und seine Freunde auf dem Mont Pèlerin im Jahr 1947 waren Mythenschöpfer im doppelten Sinne des Wortes. Sie waren damit beschäftigt, die Geschichte für unsere Zeit neu zu schreiben, und, wie wir gesehen haben, wurde dies der Welt als mehr als nur eine ökonomische Doktrin propagiert. Aber das zeigt zumindest, dass es für die Menschheit möglich ist, die Mythen, die die Welt regieren, zu begreifen und umzuschreiben. Hayek und seine Kollegen haben es getan. Wir müssen nun das Gleiche tun.

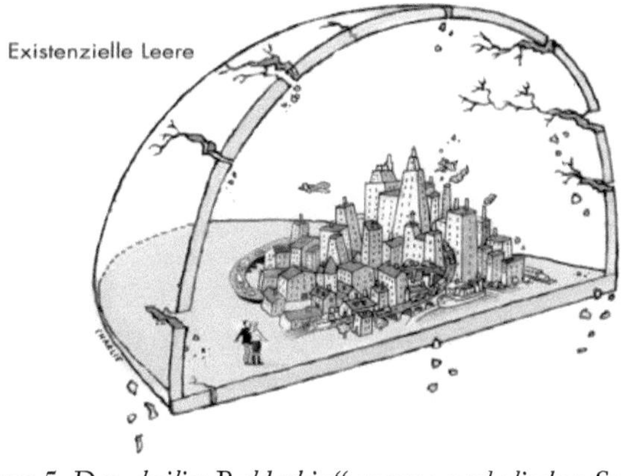

Abbildung 5. Der „heilige Baldachin" unseres symbolischen Systems und Meta-Narrativs schirmt uns vor unserer kollektiven existenziellen Leere ab. Unser gegenwärtiger heiliger Baldachin – der Markt – beginnt Risse zu bekommen und

als Schutzschild zu versagen, und daher beginnen immer mehr von uns, die Leere zu bemerken.

Wir brauchen ein Mittel, mit dem wir uns auf das Gemeinwohl einigen können, das der letzte Zweck der Wirtschaft sein soll. Was sollen die „zwei verborgenen Hände" des sich selbst organisierenden Marktes liefern? Wie definieren wir das Gemeinwohl? Wie definieren wir Gleichheit und Gerechtigkeit?

Und wieder ist die wichtige Erkenntnis, dass diese kollektiven menschlichen Werte – im Gegensatz zu individuellen Werten wie Schönheit – sich nicht allein auf das Individuum und seine Vorlieben beziehen können. Ethische Werte müssen per Definition einen kollektiven Aspekt haben, da sie sich auf die Beziehungen zwischen Individuen beziehen. Gerechtigkeit und Sinn existieren nicht außerhalb unserer gemeinsamen sozialen Realität. Sie entstehen in den Beziehungen zwischen Individuen, nicht innerhalb einzelner Individuen. Sie sind integrale Bestandteile unserer sozial konstruierten Welt, die wir mit anderen Menschen teilen.

Die Welt ist zu komplex und zu schnelllebig geworden, als dass wir in der Lage wären, utopische Zukunftsvisionen zu formulieren. Wir können nicht mehr sagen, wie die Welt in fünfzig oder gar zwanzig Jahren aussehen soll. Aber unsere Unfähigkeit, präzise Visionen zu formulieren, darf uns nicht davon abhalten, Verantwortung für die Gestaltung der Zukunft zu übernehmen. Allerdings muss sich der Fokus von einer Vision des guten Ausgangs der Geschichte hin zu einem Fokus darauf verschieben, wie ein guter Prozess aussehen könnte. In unserer demokratischen Marktgesellschaft sind „die Politik" und „der Markt" die beiden wichtigsten Prozesse, die ständig die Zukunft schaffen und gestalten. Wir müssen uns die konstitutiven Regeln für diese beiden Prozesse genau ansehen. Gute Regeln für den politischen Prozess sind die Voraussetzung dafür, gute Regeln für den Markt zu schaffen. Unsere neue Erzählung muss eine Erzählung über die guten, von Menschen gemachten Prozesse sein und nicht über utopische Endergebnisse des historischen Prozesses.

Abschließende Worte

Um es zusammenzufassen:

Erste Einsicht: Wir als Menschheit haben eine systemische Freiheit, das Innenleben des Marktes als selbstorganisierendes System zu gestalten und die daraus resultierende „Vorverteilung“ zu beeinflussen. Danach müssen wir eventuell noch eine Umverteilung vornehmen.

Zweite Einsicht: In einer Demokratie kann diese systemische Freiheit nur durch kollektives Handeln ausgeübt werden. Dies geschieht hauptsächlich durch unsere Gesetzgebung.

Dritte Einsicht: Um kollektives Handeln ausüben zu können, müssen wir über das Marktsystem und unser individuelles und kollektives Wohl nachdenken können. Dazu brauchen wir eine gemeinsame Sprache und ein gemeinsames Verständnis, das diese Fragen einrahmen kann. Wir brauchen einen gemeinsamen Bezugsrahmen – eine Meta-Erzählung – die größer ist als das Marktsystem.

Die vierte wichtige Erkenntnis: Wir werden diesen Bezugsrahmen, dieses Meta-Narrativ, niemals „da draußen“, als Objekt in der Außenwelt finden, wie wir es mit Gott, der Wissenschaft oder dem Markt zu tun glaubten. Wir erkennen, dass alle Meta-Erzählungen in gewisser Weise willkürlich sind, und sie sind alle von Menschen gemacht – aber wir brauchen sie trotzdem, um zu überleben und zu gedeihen, sowohl als Individuen als auch als Menschheit – wir müssen diese Meta-Erzählung selbst erschaffen.

Wir müssen uns also der Tatsache stellen, dass wir dieses Meta-Narrativ nirgendwo anders finden können als unter uns selbst: im Dialog zwischen Menschen. Unser größter Bezugsrahmen ist immer menschengemacht und willkürlich. Das ist eine Quelle enormer kollektiver Existenzangst und der Grund, warum wir alle unsere inneren Abwehrkräfte mobilisieren, um uns nicht damit auseinanderzusetzen.

Es fühlt sich so viel besser an, einfach weiter so zu tun, als wären wir in den Händen einer externen ultimativen Autorität.

Frühere Generationen haben sich vielleicht an die Religion gewandt, um den Rahmen für eine Erzählung zu schaffen, anhand derer sie ihre sozial konstruierte Welt beurteilen konnten, aber das ist kein Weg, der uns jetzt wirklich offensteht. Das ist sowohl ein Problem als auch eine Chance. Das Problem ist, dass wir uns auf keine andere externe Autorität verlassen können, die eine objektive Metaerzählung liefert. Die Chance ist: Wir sind frei, eine zu schaffen.

Aber warum nur ein Meta-Narrativ? In einer pluralistischen und multikulturellen Gesellschaft gibt es sicherlich Platz für mehr als ein Narrativ! Ja, und damit diese Narrative koexistieren und in einer positiven, konstruktiven Art und Weise interagieren können, die unser Verständnis bereichert und vielfältige Perspektiven auf unsere Welt bietet, anstatt in einer negativen, konkurrierenden und gewalttätigen Art und Weise zu interagieren, brauchen wir eine gute, meta-kulturelle, akzeptierende Umgebung, in der diese vielfältigen Kulturen/Narrative gedeihen können. Diese metakulturelle Umgebung muss auch Teil der neuen Metaerzählung sein.

Wir werden nie eine endgültige Form dieses Narrativs erreichen. Es wird ein Prozess mit offenem Ende sein müssen, und die Erzählung wird von diesem Prozess handeln. Dennoch liegt es in unserer Macht, einen guten Prozess der Narrativbildung mit Regeln zu schaffen, die das Narrativ immer wieder herausfordern und den Dialog lebendig halten. In dieser Hinsicht ist es das wichtigste Projekt der Menschheitsgeschichte: Es begann vor vielen Jahrtausenden, aber es hat auch gerade erst begonnen. Mit zunehmender Komplexität in unserer Gesellschaft gerät dieser Prozess immer wieder in eine Sackgasse – so auch in letzter Zeit – und muss wieder in Gang gebracht werden.

Endnoten

1. John Maynard Keynes (1936), A General Theory of Employment, Interest and Money, Macmillan, London.
2. http://www.worldvaluessurvey.org
3. Oxford Dictionaries, Verfügbar unter: http://www.oxforddictionaries.com/definition/ english/myth
4. Ha-Joon Chang (2010, September 02) 23 Things They Don't Tell You About Capitalism, [Online] Verfügbar: http:// www.thersa.org/events/audio-and-pastevents/2010/23-things- they-dont-tellyou-about-capitalism (Zitat bei etwa 27 Minuten)
5. Obama-Pressekonferenz, 2. Apr., 2009, siehe http://www.notable-quotes.com/o/obama_barack.html#CPOu5P3KkQc5J6Gc.99
6. https://www.gov.uk/government/speeches/celebrating-60-years-of-the-institute-of-economic-affairs-iea
7. Cameron, D. (2007), Rede an der London School of Economics.
8. Clinton, H. (2004), Lebendige Geschichte, London: Headline.
9. Smith, A. (1976), An Inquiry into the Nature and Causes of the Wealth of Nations, Chicago: University of Chicago Press, 317.
10. Reagan (1981), 29. Sept.
11. Hansard (1965), 28 Jul.
12. Hansard (1982), 8 Mar.
13. http://www.theyworkforyou.com/ search/?o=o&q=privatisation
14. Hansard (1980), 24 Nov.
15. http://money.cnn.com/2015/07/13/news/economy/greece-deal-full-text/index.html?iid=EL
16. George W. Bush
17. Hansard (1995), 8. Feb. 18. Hansard (1993), 27. Jan.
19. Smith, A. (1983), Lectures on Rhetoric and Belles Lettres: Oxford: Oxford University Press.

20. Samuels, W. J. et al. (2011), Erasing the Invisible Hand: Essays on an Elusive and Misused Concept in Economics, Cambridge: CUP.
21. Zitiert in Inman, P. (2011), 'Beware false sightings of Adam Smith's Invisible Hand', The Guardian, 7 Oct. http://www.theguardian.com/commentisfree/2011/ oct/07/economics-invisible-hand-adam-smith
22. Mirowski, P., und Plehwe, D. (Hrsg.) (2009) The Road from Mont Pelerin: The making of the neoliberal thought collective, Cambridge: Harvard University Press, 373-4.
23. Hayek, F. (1944) The Road to Serfdom, London: George Routledge & Sons
24. Kegan, R. (1982) The Evolving Self: Problem and Process in Human Development: Harward University Press.
25. Schmoller, G. (1888), Zur Methodologie der Staats- und Sozialwissenschaften, Leipzig: Duncker & Humblot, 283, zitiert in Louzek (2011).
26. Menger, C. (1970), Grundzüge einer Klassifikation der Wirtschaftswissenschaften, Tübingen: J. C. B. Mohr, 16.
27. Bloch, H. S. (1940), 'Carl Menger: The founder of the Austrian School', in: Journal of Political Economy, 48, No 3, 432.
28. Siehe Louzek, M. (2011), The Battle of Methods in Economics', in American Journal of Economics and Sociology, Vol 70, Issue 2, esp. 455-460.
29. John Maynard Keynes (1936), A General Theory of Employment, Interest and Money, Macmillan, London.
30. Arnsperger, C., und Varoufakis, Y. (2003), "Towards a theory of solidarity", Erkenntnis, 59: 157-188.
31. http://www.mainstreamweekly.net/article663.html.
32. Hill, L. (2001), 'The Hidden Theology of Adam Smith', in European Journal of the History of Economic Thought 8:1-29.
33. Chamberlin, E. S. (1933), The Theory of Monopolistic Competition, Harvard University Press; und Robinson,
J. (1933), The Economics of Imperfect Competition, London: Macmillan.

34. Arrow, K. (1963), Social Choice and Individual Values, 2nd edtn, New York: John Wiley.
35. Arnsperger und Varoufakis (2003).
36. Carpenter, G. (2014), Model Behaviour, London: New Economics Foundation.
37. Greenham, T., und Ryan-Collins, J. (2012), Where Does Money Come From?, London: New Economics Foundation.
38. Greenspan, A. (2005), "Innovation and structural change boost access to consumer credit", Ansprache auf der Fourth Annual Community Affairs Research Conference des Federal Reserve Systems, 8. April 2005, Washington DC.
39. Berger P.L., und Luckmann T. (1966), The Social Construction of Reality, Garden City N.Y., Doubleday
40. Berger, P. L. (2011), Adventures of an Accidental Sociologist, Amherst: Prometheus Books.
41. Searle, J. (1995), The Construction of Social Reality, New York: Simon and Schuster.
42. Searle, J. (1969), Speech Acts, Cambridge; Cambridge University Press; Searle, J. (1995), The Construction of Social Reality, New York: Simon and Schuster.
43. Searle (1969), 34.
44. Siehe zum Beispiel: Piketty, T., (2014), Das Kapital im einundzwanzigsten Jahrhundert, New York, Howard University Press
45. https://www.biblegateway.com/ passage/?search=Leviticus%2025
46. Für eine detaillierte Erklärung siehe Ryan-Collins, J.,Greenham, T., Werner, R., Jackson, D. l. (2011). Where does Money Come From? A guide to the UK money and banking system. London: New Economics Foundation, 55-58
47. Stattdessen haben die Zentralbanken versucht, die Menge des im Umlauf befindlichen Geldes durch Variation der Zinssätze zu beeinflussen - mit begrenztem Erfolg. Siehe Werner, R. (2005). New Paradigm in Macroeconomics. Basingstoke: Palgrave Macmillan. 261.
48. Siehe: Ryan-Collins et al. (2011). op cit. 104.

49. „In der realen Welt vergeben die Banken Kredite, schaffen dabei Einlagen und suchen später nach den Reserven“. Zitat von Alan R. Holmes, Federal Reserve Bank of New York (1969). Zitiert in Goodhart, C. A. E. (1994). Was sollten Zentralbanken tun? Was sollten ihre makroökonomischen Ziele und Operationen sein? The Economic Journal, 1424-1436.
50. Schumpeter, J. A. (1934) The Theory of Economic Development... von Joseph A. Schumpeter, Aus dem Deutschen übersetzt von Redvers Opie, Cambridge: Harvard University Press, 1934; Keynes, J. M. (1930) A Treatise on Money: Band 1: The Pure Theory of Money. London: Macmillan & Company.
51. Für eine ausführliche historische Darstellung, siehe Ryan-Collins et al. (2011). op cit. Ch 2.
52. Werner (2005), 168.
53. Berichte über Aktivitäten vom Typ „fractional reserve“ außerhalb Großbritanniens reichen jedoch viel weiter zurück als die Goldschmiede. Für einen umfassenden Überblick siehe Huerta de Soto, J. (2006/1998). Money, Bank Credit, and Economic Cycles, aus dem Spanischen übersetzt von Stroup, M.A., Alabama: Ludvig von Mises Institute, 37-111.
54. Carter, J. (1969), 'The Revolution and the Constitution' in Geoffrey Holmes (ed.) Britain After the Glorious Revolution 1689-1714, London: Macmillan, 54.
55. McInnes, A. (1969), 'The Revolution and the People' in Geoffrey Holmes (ed.) Britain After the Glorious Revolution 1689-1714, London: Macmillan, 84.
56. Albemarle (1671), Observations upon Military and Political Affairs, 146.
57. Siehe hierzu die Diskussion in Boyle, D. (2008), Toward the Setting Sun: Columbus, Cabot and Vespucci and the Race for America, Walker Books, New York.
58. Siehe die Diskussion in Boyle, D. (2011), The Human Element, Earthscan, Abingdon.
59. Lessig, L. (2002), The Future of Ideas: The fate of the com- mons in a connected world, New York: Vintage Books, 39.

60. Stiglitz, J. (2006), 'Scrooge and intellectual property rights', British Medical Journal (BMJ), 333. http://www.bmj. com/content/333/7582/1279
61. http://www.teapartyscottsdale.com/about.
62. Simon, H., und Newell, A. (1972), Human Problem Solving, Englewood Cliffs: Prentice Hall.
63. Leijonhufvud, A. (1993), "Towards a not too rational macro-economics", Swedish Economics Journal, 60: 1-13.
64. John Maynard Keynes (1931), Essays in Persuasion, London, Hart-Davis.
65. Hamilton, W. H. (1919), 'The Institutional Approach to Economic Theory' in American Economic Review, Vol 9, No 1, 309-318, in Albelda, R., Gunn, C., and Waller, W. (1987), Alternatives to Economic Orthodoxy: A Reader in Political Economy, 204-12.
66. Hamilton (1919), op cit.
67. Stout, L. (2012), The Shareholder Value Myth, San Francisco, Barrett-Koehler
68. Capra, F. und Luisi, P. L. (2014). The Systems View of Life: A unifying vision: Cambridge University Press.
69. Lynn Stout
70. Siehe z. B. Turnbull, S. (1975), New Money Sources and Profit Motives for Democratising the Wealth of Nations, Company Directors Association, Sydney.
71. Ostrom, E. (2003), 'How types of goods and property rights jointly affect collective action', Journal of Theoretical Politics. Juli, vol. 15, no. 3, 254.
72. George, H. (1879), Progress and Poverty, New York.
73. Howard, E. (2010), Tomorrow: Ein friedlicher Weg zu echten Reformen, Nachdruck, Cambridge University Press.
74. http://en.wikipedia.org/wiki/Community_land_trust.
75. Spufford, P. (2002), Power and Profit: The merchant in medieval Europe, London: Thames and Hudson, 12.

76. Siehe z. B. Boyle, D. (2006), 'What if Joseph Chamberlain had married Beatrice Webb?' in Brack, D. (ed.) President Gore and other things that never happened, London: Politico's.
77. Kegan, R. (1982) The Evolving Self: Problem and Process in Human Development: Harward University Press.
78. Popper, K., (1945): The Open Society and its Enemies, Routledge, London.
79. Habermas, J. (2008), Anmerkungen zu einer postsäkularen Gesellschaft. Signandsight.com, verfügbar unter: http://www.signandsight. com/features/1714.html
80. Berger, P. (1967), The Sacred Canopy. Doubleday, New York
81. Fukuyama, F. The End of History and the Last Man (1992) New York: Simon and Schuster.